Robert Scherer

Der Schweizerische Metallarbeiter-Verband

unikum

Robert Scherer

Der Schweizerische Metallarbeiter-Verband

ISBN/EAN: 9783845743981
Erscheinungsjahr: 2012
Erscheinungsort: Bremen, Deutschland

www.unikum-verlag.de | office@unikum-verlag.de

Robert Scherer

Der Schweizerische Metallarbeiter-Verband

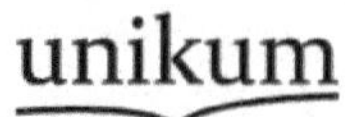

Der

Schweizer. Metallarbeiter-Verband

Inaugural-Dissertation

zur Erlangung der Würde eines

Doctor juris publici et rerum cameralium

der

staatswissenschaftlichen Fakultät der Universität Zürich

vorgelegt von

Robert Scherer

von Meggen.

Genehmigt auf Antrag des Herrn Prof. Dr. Herkner.

Luzern,

Buchdruckerei H. Keller

1906.

Dem hochverehrten

Herrn Oberstlt. Richard

erster Sekretär der Zürcher Handelskammer

dankbar gewidmet

vom Verfasser

Literatur.

A. Allgemeine Literatur.

Brentano, L. Die Arbeitergilden der Gegenwart. 2 Bde. Leipzig 1871/2.

Webb, S. u. B. Theorie und Praxis der englischen Gewerkvereine. 2 Bde. Stuttgart 1898.

Herkner. Die Arbeiterfrage, 4. Aufl. Berlin 1905.

Imle, F. Gewerbliche Friedensdokumente. Jena 1903.

Geering u. Hotz. Wirtschaftskunde der Schweiz. Zürich 1903.

Schweizerische Handelsstatistik. Jahresberichte pro 1903, 1904.

Statistisches Jahrbuch der Schweiz pro 1901, 1894, 1896, 1902.

Schweizer. Finanz-Jahrbuch. 1904.

Furrer. A. Volkswirtschaftslexikon der Schweiz. Bern 1889.

Reichesberg. Handwörterbuch der schweiz. Volkswirtschaft, Sozialpolitik und Verwaltung. Bern 1905.

Bechtle, O. Die Gewerkvereine der Schweiz. Jena 1887.

Berghoff-Ising. Die sozialistische Arbeiterbewegung in der Schweiz. Leipzig 1896.

Steck, A. Die heutige Gewerkschaftsbewegung in der Schweiz. (Archiv für soziale Gesetzgebung und Statistik. 1897.)

Büchler. Zur Frage der volkswirtschaftlichen und rechtlichen Konsequenzen des modernen Industrialismus in der Schweiz. Bern 1902.

Jahresberichte des Vereins schweiz. Maschinenindustrieller. 1885 ff. Jahrgänge.

Bericht über Handel und Industrie der Schweiz im Jahre 1903. Erstattet vom Vorort des schweiz. Handels- und Industrievereins Zürich 1904.

Botschaft des Bundesrates an die Bundesversammlung betreffend den am 13. Juli 1904 abgeschlossenen Handelsvertrag mit Italien. Dito betreffend Deutschland vom 12. November 1904.

Berichte der eidg. Fabrikinspektoren. Aarau 1901, 1902.

Eidgen. Fabrikstatistiken pro 1898, 1895, 1901.

Wegmann. Gross- und Kleinbetrieb der schweiz. Fabrikindustrie 1888. Zeitschrift für schweiz. Statistik. XXVII. Jahrgang.

Derselbe. Noch etwas zur Fabrikstatistik. A. a. O.

Schuler. Die Arbeitslöhne in den industriellen Betrieben des ersten schweiz. Fabrikinspektionskreises. Zeitschrift für schweizerische Statistik. XXXI. Jahrgang.

Das Gewerbe. Offizielles Publikationsorgan des schweiz. Gewerbevereins. 1891 ff. Jahrgänge.

Das schweiz. Gewerbe und seine Stellung zu Zollgesetz, Zolltarif und Handelsverträgen. Basel 1902.

XIX. und XX. Jahresbericht des schweiz. Gewerbevereins. Bern 1899, St. Gallen 1900.

Boos-Jegher. Unsere Stellung zu der Streikbewegung. Referat an der Jahresversammlung des schweiz. Gewerbevereins in Freiburg 1905.

Meyer, H. Die Arbeiterbewegung in der schweiz. Maschinenindustrie im Jahre 1905. Im Auftrage und an Hand der Akten des Vereins schweiz. Maschinenindustrieller.

Die Berufsgliederung der Bevölkerung der Stadt Zürich. (Vorläufige Mitteilungen aus den Ergebnissen der eidg. Volkszählung vom 1. Dezember 1900. Herausgegeben vom Statistischen Amt der Stadt Zürich 1903.)

Ehe, Geburt und Tod in der schweiz. Bevölkerung. Schweiz. Statistik. 137. Lieferung. Bern 1903.

Osmer. Methode und Ergebnisse der Arbeitslosenstatistik in Zürich. Zürich 1902.

Leo Weber. Recht und Unrecht bei Arbeiterausständen. Schweiz. Zeitschr. f. Strafrecht. XVIII. Jahrgang 1905.

Neue Zürcher Zeitung pro 1901, 1905 und 1906.

Basler Nachrichten pro 1905, 1906.

Volksrecht, Das. Offizielles Publikationsorgan der sozialdemokrat. Partei des Kantons Zürich pro 1905 und 1906.

B. Speziell gewerkschaftliche Literatur.

Die Arbeiterstimme. Publikationsorgan des schweiz. Gewerkschaftsbundes. 1885 ff. Jahrgänge.

Jahresberichte des schweiz. Gewerkschaftsbundes. 1888, 1890 ff.

Jahresberichte des leitenden Ausschusses des schweiz. Arbeiterbundes und des schweiz. Arbeitersekretariates. 1894 ff.

Berichte der Zürcher Arbeitskammer pro 1897 ff.

Berichte der Zürcher Arbeiterunion pro 1903 ff.

Jahresberichte des schweiz. Metallarbeiterverbandes pro 1892 ff.

Protokolle der Kongresse des schweiz. Metallarbeiterverbandes pro 1894 ff.

Protokolle der internationalen Metallarbeiterkongresse 1893, 1896, 1900, 1904.

Schweiz. Metallarbeiterzeitung pro 1902 ff.

Diverse Statuten und Reglemente.

Greulich, H. Die Reorganisation des schweiz. Gewerkschaftsbundes.

Greulich, H. Wo wollen wir hin? (Separatabdruck aus der Arbeiterstimme.) Zürich 1903.

Wassilieff. Versuch einer Lohnstatistik der Metallarbeiter in Bern. Bern 1896.

Lohnbewegungen und Streiks in der Schweiz im Jahre 1903. Statistische Erhebungen, veranlasst vom Sekretariat des schweiz. Gewerkschaftsbundes. Schweiz. Blätter für Wirtschafts- und Sozialpolitik. Heft 17, 1905.

Der Schweizerische Metallarbeiterverband.

III. Kapitel.

Die Wirksamkeit des Verbandes.

Abkürzungen.

Schweizer. Metallarbeiter-Verband	=	S.M.A.V.
Schweizer. Metallarbeiterzeitung	=	S.M.Ztg.
Schweizer. Gewerkschaftsbund	=	S.Gew.B.
Statuten	=	Stat.
Arbeiterstimme	=	A.St.
Verein Schweizer. Maschinenindustrieller	=	V.S.M.I

Vorwort.

Die Bearbeitung der Geschichte und Verfassung eines schweiz. Arbeiterverbandes, die Zusammenstellung seiner Postulate und Erfolge dürfte in unserer Zeit der überall entstehenden wirtschaftlichen Kämpfe von besonderem Interesse sein. In steigendem Masse haben sich nicht nur die Sozialpolitiker vom Fach, sondern auch die Vertreter von Handel und Industrie, die Verwaltungs- und gesetzgebenden Behörden des modernen Rechts- und Wohlfahrtsstaates mit den Arbeiterbewegungen und ihren Begleiterscheinungen zu beschäftigen. Möge es mir mit vorliegender Arbeit gelungen sein, zur Beleuchtung und Würdigung dieser wichtigen Probleme in unserem Vaterlande etwas beizutragen! Ich habe den schweizerischen Metallarbeiterverband zum eingehenden Studium gewählt, mit Rücksicht auf die grosse Bedeutung der schweizerischen Maschinen- und Metallindustrie einerseits und anderseits weil derselbe als einer der stärksten und best ausgebildeten Arbeiterverbände in letzter Zeit im Vordergrunde des öffentlichen Interesses stand.

Allerdings war eine erschöpfende und objektive Darstellung des gewerkschaftlichen Lebens und Strebens des Verbandes mit Schwierigkeiten verbunden, weil die Bewegung an sich noch jung und vieles erst im Werden begriffen ist und ich als praktisch der Sache Fernstehender oft einseitige und unvollständige Literatur benutzen musste, welche ich aber durch schriftliche und mündliche Umfrage zu vervollkommnen und zu ergänzen suchte. Eine eigentliche Kritik wollte ich nicht schreiben; ich verweise in dieser Beziehung auf eine erst kürzlich erschienene Broschüre von Dr. Meyer „Die Arbeiterbewegung in der schweizerischen Maschinenindustrie im Jahre 1905.“ Zürich 1906, verfasst im Auftrage und an Hand der Akten des Vereins schweiz. Maschinenindustrieller.

An dieser Stelle möchte ich meinem hochverehrten Lehrer, Herrn Prof. Dr. Herkner, meinen besten Dank für seine Anregung zu dieser Arbeit, sowie für seine liebenswürdige Anteilnahme beim Zustandekommen derselben aussprechen. Ferner bin ich zu grossem Danke verpflichtet den Herren Oberst Richard, erster Sekretär der Zürcher Handelskammer, Nat.-Rat Dr. Sulzer-Ziegler in Winterthur, Boos-Jegher, Sekretär des schweizer. Gewerbevereins in Zürich, O. Schneeberger, Sekretär des S.M.A.V. in Bern und Herm. Greulich, schweizer. Arbeitersekretär in Zürich; weiter den Herren Steininger und Doering, Metallarbeiter in Zürich und Luzern für freundliche Auskunft und dem Zentralvorstand des S.M.A.V. für die Erlaubnis, den Kongressverhandlungen in Basel 1906 beiwohnen zu dürfen.

ZÜRICH, im April 1906.

Einleitung.

Die Bedeutung der schweizerischen Metallverarbeitung.

In kurzen Zügen möchten wir eine Übersicht über die Entwicklung der schweizerischen Metallverarbeitung geben, bevor wir auf die Besprechung der Arbeiterverhältnisse eintreten.

a) Die Grossbetriebe.

In geographischer Hinsicht ist zunächst festzustellen, daß das Zentrum der schweizerischen Maschinenindustrie in der Ostschweiz liegt, weil sie im Anfange vorzugsweise für die Bedürfnisse der Ostschweizer Textilindustrie zu arbeiten hatte[1]). Giessereien und Eisenwerke befinden sich auch in der Nord-, West- und Mittelschweiz[2]). In handelspolitischer Hinsicht steht die Maschinenindustrie im allgemeinen noch auf dem Boden des Freihandels, auf dem sie gross geworden ist[3]). Die Eisenwarenfabrikation, soweit sie der Grossindustrie angehört, verlangt hingegen grösseren Zollschutz für ihre Ganz- und Halbfabrikate und hat unter der Konkurrenz des Auslandes stark zu leiden[4]).

Die Schweiz als ein Land, welches wenig oder keine Metalle besitzt, hat natürlich ein grosses Interesse daran, die Rohmaterialien

---

[1]) Zürich, Örlikon, Winterthur, Baden, Uzwil.

[2]) v. Rollsche Eisenwerke im Berner und Solothurner Jura mit Sitz in Gerlafingen und Filiale in Bern; v. Moossche Eisenwerke in Emmenweid, Bell in Kriens, Herstellung von Eisenwaren in Zug und Sursee, Schaffhausen und Neuhausen, Brugg und Aarau, Delsberg, Biel und Vallorbe, Kupferwerke in Kriens, Reconvillier und Dornach, Präzisionsmechanik in Schaffhausen, Zürich, Aarau, Basel, Neuenburg und Genf (Geering & Hotz, Wirtschaftskunde der Schweiz S. 10).

[3]) Vgl. Botsch. d. Bundesr. a. d. Bundesvers. betr. d. am 12. Nov. 04 abgeschlossenen Zusatzvertrag z. Handels- u. Zollvertrag zwischen d. Schweiz u. d. deutschen Reiche. B. B. 1901. I., S. 596.

[4]) a. a. O., S. 608/9.

billig vom Auslande zu bekommen, um sie im Heimatlande für den inländischen Konsum und zu einem guten Exportartikel zu verarbeiten. Dass dies mit Erfolg in der schweizerischen Maschinenindustrie geschehen ist, zeigt das grosse Aufblühen industrieller Orte, das zeigen die bedeutenden Mengen schweizerischer Artikel, die zur Ausfuhr gelangen, und der gute Ruf, dessen sich unsere Produkte im Auslande erfreuen. Immerhin hat die Maschinenindustrie mit grosser Konkurrenz beim Export und hohen Frachtkosten zu rechnen. In hohem Masse wurde die Metallindustrie im Inlande gefördert durch die vielen Bahn- und Brückenbauten in den letzten Dezennien, durch die grossen Erfindungen auf dem Gebiete der Elektrotechnik, welche vielen neuen Maschinen riefen. Zur Kennzeichnung des Bedarfes der Metallindustrie in Bezug auf Rohstoffe diene die folgende Aufstellung[1]).

	(Menge in q netto)					
	1899	1900	1901	1902	1903	1904
Erze	111,023	107,656	127,630	148,371	143,110	123,957
Roheisen . . .		981,069	652,401	671,150	878,357	981,803
Schienen- und Konstruktionseisen .	930,215	977,680	709,993	976,894	969,025	1,196,667
Feineres Façoneisen . . .	266,894	258,348	179,884	224,086	222,612	249,200
Walzdraht . .	49,427	47,786	41,345	53,345	50,755	58,752
Blech (roh) . .	72,137	62,962	45,708	53,642	66,626	82,139
total in q	2,563,756	2,558,776	1,888,045	2,289,404	2,477,243	2,843,298
Wert in Fr	46,479,773	48,564,728	31,739,985	36,199,297	36,950,894	41,822,597

In der Maschinenindustrie werden in grossem Umfange Spezialitäten gepflegt. In diesen (Dampfmaschinen, Dynamos, Stickerei-, Weberei- und Müllereimaschinen) findet eine erhebliche Ausfuhr statt, während bei andern Maschinen (Nähmaschinen, Werkzeugmaschinen, Eisenbahnmaterialien) die Einfuhr überwiegt[2]).

[1]) Schweizer. Handelsstatistik, Jahresbericht 1904.
[2]) Bericht über Handel und Industrie d. Schweiz im J. 1903, S. 144.

Im Jahre 1903 betrug die Ausfuhr aus der Schweiz:

	Wert in Fr.	Zu- od. Abnahme in % zum Vorjahre
Stickmaschinen	2,279,000	+ 47
Nähmaschinen	541,000	+ 24
Spinnerei- und Zwirnereimasch.	2,182,000	+ 22
Maschinen aller Art	18,757,000	+ 16
Müllereimaschinen	5,306,000	+ 11
Werkzeugmaschinen	692,000	+ 11
Land- und hauswirtschaftliche Maschinen	335,000	+ 10
Lokomotiven	619,000	— 45
Die Einfuhr in die Schweiz:		
Nähmaschinen	2,169,000	— 1
Werkzeugmaschinen	1,428,000	+ 37
Webstühle u. Webereimaschinen	316,000	+ 20
Maschinen aller Art	8,472,000	+ 16
Spinnerei- u. Zwirnereimaschinen	735,000	+ 26
Land- und hauswirtschaftliche Maschinen	1,302,000	+ 10.

„Was die allgemeine Geschäftslage der Maschinenindustrie betrifft, so hat sich im Berichtsjahre der Absatz mehr den näher gelegenen Ländern und im gleichen Masse wohl dem Inlande zugewandt; im ganzen hat er wesentlich zugenommen. Die schweiz. Maschinenindustrie behält dabei nach wie vor den gesamten Weltmarkt im Auge und beteiligt sich überall da, wo die Konjunkturen es irgendwie ermöglichen, an der Versorgung desselben“[1]).

Im Jahre 1890 betrug der schweizerische Maschinenexport 22,4 Mill. Franken, 1904 52,600,000 Franken. Die Gesamtausfuhr an Maschinen und Fahrzeugen betrug seit:

1899 =	318,218	q netto im Wert von	45,353 Mill. Franken[2]).
1900 =	342,673	„	49,511 „
1901 =	309,888	„	47,144 „
1902 =	318,968	„	46,965 „
1903 =	331,957	„	50,213 „
1904 =	348,763	„	52,647 „

[1]) a. a. O., S. 144.
[2]) Handelsstatistik 1904, S. 36.

Bezeichnend für die Geschäftslage der Maschinenindustrie ist, dass von 12 grösseren Aktiengesellschaften 1 über 15°/o, 3 = 10°/o, 5 über 5°/o und 1 unter 5°/o Dividende zahlten auf 1903[1]. „Auf die Steigerung auf der Gesamtproduktion der schweizerischen Maschinenindustrie lässt sowohl die Vermehrung der Gesamtausfuhr um rund 7,6°/o schliessen wie auch die Erhöhung der Einfuhr an vorgearbeiteten Maschinenteilen um rund 11°/o und an Roheisen umfasst 23°/o, sowie die Zunahme der in den Werkstätten des Vereins Schweizer. Maschinenindustrieller beschäftigten Arbeiter um 7,5°/o. Der Umstand, dass namentlich die beiden vorgenannten Einfuhrpositionen in grösserem Masse zugenommen haben als die Gesamtausfuhr, sowie die Steigerung der Einfuhr in die Schweiz von fertigen Maschinen um rund 10°/o weisen auf eine erheblich vermehrte Inanspruchnahme der schweiz. Maschinenindustrie auch für den Inlandskonsum hin"[2].

Im Jahre 1904 erfolgte eine Gesamteinfuhr von Maschinen und Fahrzeugen im Werte von 33,752 Mill. Fr ; an dieser Summe partizipierten Deutschland mit 69,7°/o, Frankreich mit 13,4, Grossbritannien mit 6,3, Verein. Staaten mit 4,2°/o. Die geschäftliche Konjunktur der Maschinenbranche in 1904 hat gegenüber 1903 keine eingreifenden Änderungen erfahren; die Preise der Rohmaterialien haben sich wenig verändert, die Verkaufspreise sind gleich niedrig, in einzelnen Fällen haben sie wegen heftiger Konkurrenz noch gelitten[3]. In Bezug auf die verschiedenen Länder lieferte die Maschinenindustrie im Jahre 1904 an

Deutschland	für	12,335	Mill. Franken
Italien	„	9,411	„
Frankreich	„	8,437	„
Russland	„	4,691	„
Grossbritannien	„	3,762	„
Spanien	„	2,989	„
Österreich-Ungarn	„	2,821	„
Ägypten	„	1,531	„
Belgien	„	2,821[4]	„

[1]) Schweizer. Finanzjahrb. 1904, S. 36.
[2]) Ber. d. Ver. Schweizer. Maschinenindustrieller, S. 44.
[3]) Schweizer. Handelsstatistik 1904, S. 35.
[4]) a. a. O.

b) Die mittleren und kleineren Betriebe.

Die Mittel- und Kleinbetriebe der Metallbearbeitung, welche in jeder grösseren Ortschaft vertreten sind, nehmen trotz der Grossindustrie noch eine bedeutende Stellung ein sowohl in Rücksicht auf den Verdienst, den sie ihren Erwerbstätigen gewähren, als auch in Rücksicht auf den gesamten Produktionswert, mit welchem sie in unserer Volkswirtschaft figurieren. Nach einer Produktionsstatistik des Schweiz. Gewerbevereins beträgt[1]) die Zahl der Erwerbstätigen in der Metallbearbeitung, Maschinen- und Werkzeugfabrikation 23,600 männliche und 600 weibliche Personen, welche einen Gesamtverdienst von Fr. 31,754,500 beziehen. Der gesamte Produktionswert der Metallgewerbe wird auf 1,133,305,000 Franken geschätzt.

Auch das Gewerbe hat sich viel mehr als früher auf eine bestimmte Spezialität verlegt und steht oft recht gut dabei. Ende der Neunziger-Jahre herrschte in der Schlosserei nur Grossbetrieb in Brücken- und Gebäudekonstruktionen, sowie in der Türschlossfabrikation, „es gibt jedoch manche Schlossermeister, die durch Beschränkung auf eine Spezialität, z. B. Rolladen, Kassen, Kochherde, ihre ehemals kleinen Werkstätten zu grossen und angesehenen, höchst leistungsfähigen Fabriken entwickelt haben, ohne dem Grossbetrieb zugesellt werden zu können“[2]). Eine solche Spezialisierung kommt auch bei andern Berufen vor, so ist der Spengler vorzugsweise Bauspengler und Installateur geworden[3]). In der Metallfabrikation werden von einem Geschäfte nur Haus- und Küchengeräte, von einem andern nur Bade- und Wascheinrichtungen gemacht. Das schweizerische Gewerbe hat sich an den einheimischen Markt zu halten, auf welchem immer noch bessere Waren mit entsprechenden Preisen bevorzugt werden sollen[4]). Wagenbauer, Schmiede sind bei zunehmendem Verkehr gut beschäftigt, auch die Feilenhauer in Verbindung mit der Schlosserei und Maschinenfabrikation. Allerdings hat das Gewerbe schwer durch die ausländische Konkurrenz zu leiden, deshalb huldigt es auch schutzzöllnerischen Tendenzen. Zum Teil wird für die Metallgewerbe

---

[1]) Vgl. 20. Jahresber. d. Schweizer. Gewerbevereins 1899.

[2]) 19. Jahresber. d. Schweizer. Gewerbevereins, Stand u. Entwicklung der schweizer. Gewerbetätigkeit, S. 82.

[3]) a. a. O., S. 83.

[4]) a. a. O., S. 86.

dasjenige gelten, was das schweizerische Gewerbesekretariat zum Zolltarif 1902 schrieb[1]): „Es geht aus unseren Untersuchungen hervor, dass unsere Gewerbe und unsere Kleinindustrie trotz der mannigfachen Hindernisse, die ihnen bei uns entgegenstehen, durchaus lebensfähig sind, dass sich im Laufe der Jahre eine bedeutende Zunahme sowohl an Branchen als auch an Arbeitskräften ergibt und gegenwärtig etwa der dritte Teil unserer Bevölkerung durch die gewerblichen Betriebe seinen Lebensunterhalt erwirbt. Der Produktionswert ist ein ganz bedeutender und darf sich in seiner volkswirtschaftlichen Bedeutung sowie in seinem direkten Ergebnis den beiden andern grossen schweizerischen Interessengruppen der Grossindustrie und der Landwirtschaft wohl an die Seite stellen."

c) Zahl der Arbeiter.

Die Zahl der Arbeiter ist im Laufe der Jahre mit der Blüte der Industrie und der Gewerbe gewachsen. Im Jahre 1880 ergibt die eidgenössische Berufsstatistik für den Maschinen- und Mühlenbau 9893 erwerbstätige Personen[2]). Die ganze Maschinenindustrie beschäftigte 1880 12,847 Arbeiter. Mitte 1901 unterlagen dem Fabrikgesetz aus der Maschinenindustrie 32,647 Arbeitskräfte, worunter 476 weibliche und in der Metallbearbeitung 12,731 Arbeitskräfte, worunter 854 weibliche. Zu Anfang 1906 beschäftigte der V.S.M.I.[3]) in 118 Werken allein rund 31,200 Arbeiter, im Jahre 1904 25,625 Arbeiter, 1884 9657 Arbeiter. Ende der Neunziger-Jahre waren in der Schlosserei tätig zirka 4700, in der Spenglerei 4000, Zeug- und Hufschmiede 1550, Eisengiesserei[4]), Maschinen- und Werkzeugschlosserei 5000, Wagenbauerei 6000, Präzisionsmechaniker[5]) 750 männliche Arbeitskräfte, zusammen also im Gewerbe gegen 30,000.

---

[1]) Das schweizer. Gewerbe und seine Stellung zu Zollgesetz, Zolltarif und Handelsverträgen, S. 2.

[2]) Volkswirtschaftslexikon der Schweiz von Furrer, Bern 1889.

[3]) Im Dezember 1905 bildete sich aus den Mitgliedern des V. S. M. I. der Arbeitgeberverband Schweizerischer Maschinenindustrieller, zum Zwecke der einheitlichen Behandlung und Erledigung von Fragen, die sich auf das Verhältnis zwischen Arbeitgebern und Arbeitern beziehen. Er umfasst 90 Firmen mit 25700 Arbeitern (H. Meyer, Die Arbeiterbewegung in der Schweiz. Maschinenindustrie 1905, S. 4).

[4]) Nur Klein- und Mittelbetriebe.

[5]) Schätzungsweise.

I. Kapitel.

Die äussere Entwicklung des Metallarbeiter-Verbandes.

§ 1.

Kurze Geschichte des Verbandes.

Da die Metallindustrie der Schweiz noch jung ist und ihre Blüte erst in neuerer Zeit erfolgte, haben auch die Organisationsbestrebungen ihrer Arbeiter nur eine kurze Geschichte aufzuweisen.

Zunächst waren es die gelernten Arbeiter des Handwerkes und der Grossindustrie, die Spengler, Schlosser und Giesser, die nach Massgabe ihrer Berufsspezialität Fachvereinigungen zu begründen suchten.

Die erste Zentralisation der allein stehenden Gewerkschaften ihrer Branche führten die Spengler[1]) durch. Am 23. September 1873 fand in Frankfurt a. M. ein Kongress der Spenglerarbeiter Deutschlands, Österreichs und der Schweiz statt, welch' letzteres Land durch Zürich vertreten wurde. 1877 erfolgte die Gründung des Zentralverbandes der schweizer. Spenglerfachvereine mit Sektionen in Zürich, Basel, Winterthur, Bern und Neuchâtel[2]). — Der Spenglerverband blieb aber schwach und hatte in einem Ausstande 1878 in Zürich einen Misserfolg aufzuweisen.

Ziemlich später als die Spengler, nämlich 1887, gründeten die Giesser einen Zentralverband, aus 10 Sektionen, mit etwa 600 Mitgliedern, bestehend. Man wollte eine Unterstützungskasse für die

---

[1]) Vgl. O. Bechtle, Die Gewerkvereine der Schweiz.

[2]) Bechtle a. a. O., S. 40, schätzt die Mitgliederzahl auf 150 Mann in 5 Sektionen. Der Verband bezeichne sich als im Prinzip sozialdemokratisch und als ein Glied der jeweilig sozialdemokratischen Organisation. Bechtle a. a. O., S. 41: Der monatliche Beitrag belief sich auf 25 Cts. Mit Invaliden-, Krankenkassen beschäftige sich der Verband nicht, weil dies das Prinzip verwässere.

Giesser der ganzen Schweiz gründen[1]) und alle Giesser, Kernmacher und Taglöhner beruflich organisieren. — Am 30. Juni 1888 beschloss der Delegiertenkonvent des Giesserverbandes in Örlikon, dem schweizerischen Gewerkschaftsbund beizutreten und sich ein eigenes Organ „Der Former" anzuschaffen, welches nach Bedarf erscheinen sollte.

Aus später zu besprechenden Gründen standen diese Gewerkschaften am Ende der Achtziger-Jahre noch auf sehr schwachen Füssen[2]). Aber auch in Deutschland war die Organisation in der Metallbranche damals unerheblich[3]).

Am 27. Januar 1889 fand in Olten eine von dem in Winterthur stationierten Zentralkomitee des S.M.A.V. einberufene Delegiertenversammlung statt. Dem Rufe leisteten 15 Mann aus 5 Orten, aus Zürich, Bern, Biel, Genf und Winterthur Folge. Der Mitgliederbestand des Verbandes wird auf 400 Mann angegeben. Man beschliesst, den Verband, wie die lose Interessenvereinigung schon genannt wurde, weiter auszubauen, den Zehnstundentag einzuführen, das Akkordsystem abzuschaffen, einen Minimallohn festzusetzen etc.

Die Tendenz zur Zentralisation macht sich in der Folge immer stärker unter den Metallarbeitern geltend.

Am 4. Juni 1891 fand in Frankfurt a. M. ein Kongress der deutschen Metallarbeiter statt, welche eine allgemeine deutsche Metallarbeiter-Union gründeten mit einem eigenen Organ.

Seit geraumer Zeit standen in der Schweiz die Metallarbeiter-, Giesser- und Spenglerverbände in Unterhandlungen für einen engern Zusammenschluss. Es scheint, dass der Vorgang in Deutschland

---

[1]) Arbeiterstimme, 21. VIII. 1886.

[2]) „Leider macht sich die Gleichgültigkeit mit dem Beitritt unserer Berufskollegen zu den Gewerkschaften bemerkbar. Die Gründe sind hier gar verschieden; einmal der dumme Nationalhass, der Hass und Neid der einen gegen die andern, welche vielleicht einige Rappen mehr verdienen; wieder andern sitzen nicht die rechten Leute im Komitee, andere Arbeiter sind zu gleichgültig, liederlich." A. St. 17. XI. 1888.

[3]) So soll der Verband der Schmiede 1500, der Schlosser 1934, der Former 2751, der Feilenhauer 544, der Dreher 400, der Mechaniker 800, der Giesser und Gürtler 145, der Heizer und Maschinenwärter 100, der Kupferschmiede 300, der Metalldrucker 70 Mitglieder haben. A. St. 1. I. 1890.

auch bei uns für die Vereinigung von Bedeutung gewesen ist. Nachdem in Örlikon die Vorstände der verschiedenen Fachvereine sich im diesbezüglichen Sinne ausgesprochen hatten, wurde die definitive Vereinigung der Verbände der Metallarbeiter. Giesser und Spengler zum S.M.A.V. in Zürich am 1. XI. 1891 beschlossen[1]). Am 1. I. 1892 traten die neuen Statuten in Kraft und am 17. IV. 1892 fand in Aarau der erste gemeinschaftliche Kongress statt.

Nun folgen einige Jahre, in welchen sich der Verband hauptsächlich räumlich und numerisch auszudehnen suchte, ohne dass Einrichtungen für einen innern Ausbau getroffen wurden. Im Jahre 1895 traten die Mitglieder des Schmiede- und Wagnerverbandes dem S.M.A.V. bei[2]). Um die Agitation intensiver betreiben zu können und die Fühlung mit den einzelnen Sektionen besser aufrecht zu erhalten, wurde es notwendig, einen ständigen Sekretär anzustellen. Dies wurde 1898 beschlossen, aber erst auf das Jahr 1900 konnte der jetzige rührige Sekretär (O. Schneeberger) sein Amt antreten[3]). Sitz des Sekretariats ist Bern. Im Jahre 1902 schafft sich der Verband ein eigenes Organ „Die Schweizerische

[1]) „Das Ergebnis der Urabstimmung sowie die Verhandlungen der Delegiertenversammlung vom 1. Nov. 1890 haben uns so recht gezeigt, wie sehr der Sinn der Zusammengehörigkeit der Arbeiter in der Metallindustrie ausgeprägt ist. Als gesunde Grundlagen des Verbandes sind hauptsächlich hervorzuheben, dass sich der Verband nicht nur als Glied des Gewerkschaftsbundes erklärt, sondern auch, dass er sich zur sozialdemokratischen Partei bekennt und internationale Verbindungen anstrebt.“ A. St. 6. I. 1892.

[2]) „Wir haben unsere Überzeugung dahin ausgesprochen, dass die Interessenverfechtung der Schmiede und Wagner in der Schweiz auf eine weit solidere Grundlage gestellt würde, wenn sich unser Verband dem S. M. A. V anschliesst.“ Zur Begründung dieses Schrittes wird angegeben: „Die schweizer. Gewerkschaftsbewegung steht auf dem Boden des zentralistischen Prinzips, welches in der Organisation des Gewerkschaftsbundes zum Ausdruck gelangt. Die Zentralstelle ist das Bundeskomitee. An dieser Stelle äufnen sich die Fonds, gehen die Mitteilungen über das ganze Gewerkschaftsleben, seine Stärken und Schwächen ein und ermöglichen so kluge Organisation und im gegebenen Moment rasches Handeln mit vereinter Kraft. Der Agitationsarbeit dieser Zentrale stellen sich nun die Berufsverbände zur Seite. In diesen Verbänden sollen die besondern Eigenschaften der Berufsagitation gepflegt, hier soll der Agitator in seinem ureigensten Wirkungsfeld und Schaffenskreise gebildet und erzogen werden. Hört die agitatorische Wirksamkeit auf, dann hat ein solcher Verband seine Existenzberechtigung verwirkt. Unser Verband erfüllte die Aufgabe nicht, er konnte sie nicht.“ A. St. 19. X. 1895.

[3]) Heute (1906) wünscht der Verband schon einen vierten Verbandsbeamten anzustellen, nachdem im Juni 1904 und September 1905 bereits zwei weitere Beamtungen kreiert worden waren.

Metallarbeiter-Zeitung“ an. Im gleichen Jahre werden Unterstützungseinrichtungen eingeführt (Arbeitslosenversicherung, Kranken- und Sterbekasse). Aus dem Grunde, weil auch anlässlich dieser Einführungen die Mitgliederbeiträge erhöht wurden, trat eine Spaltung ein, indem 1902 720 Mann (M.A.G. Örlikon, die Schmiede und Wagner und die Giesser) den Verband verliessen. Die Giesser hatten schon früher separatistische Gelüste gezeigt, indem sie 1899 (26 III.) ein schweizerisches Giesserkartell gründeten[1]). Hingegen konnte sich das getrennte Giesserkartell (Sektionen in Zürich, Örlikon, Baden und Genf) nicht zu grösserer Bedeutung erheben. Die Schmiede und Wagner gingen bald wieder zum S.M.A.V. über. Wiederholte Bemühungen, eine Wiedervereinigung mit den Giessern zu erreichen, hatten keinen Erfolg, weil diese Ausnahmebedingungen forderten (Befreiung von Arbeitslosenversicherung, niedrigere Beiträge), welche der Verband ihnen nicht gewähren konnte. In der Folge ergaben sich viele Misstände, da in verschiedenen Werkstätten Mitglieder des Verbandes wie des Kartells nebeneinander arbeiteten. Endlich einigte man sich am 18. Juni 1905 dahin, dass die Giesser unter folgenden Bedingungen wieder in den Verband treten würden:

1. Die Mitglieder des Giesserkartells, die mit dem 1. September 1905 in den Verband übertreten, geniessen von diesem Datum an die gleichen Rechte, wie wenn sie schon ein Jahr lang dem Verbande angehören würden. Ausgenommen ist die Unterstützung aus der Kranken- und Sterbekasse.

2. Die Sektionen des Giesserkartells wählen unter sich einen Vorstand, welcher in erster Linie die Agitation unter den Giessern betreibt, den Markenvertrieb (Beitragskassierung) besorgt und soweit nötig und zweckmässig auch den Verkehr unter den Sektionen und mit dem Zentralvorstand übernimmt. In den Verband eingetreten sind auf Grund der Vereinbarung die Giessergewerkschaften Zürich, Örlikon und Baden, während die Giesser in Genf dem Verbande jetzt noch fern stehen. Der Zuwachs an Mitgliedern beträgt zirka 250.[2])

---

[1]) An der ersten Delegiertenversammlung in Schaffhausen (15. X. 1899) waren folgende Orte vertreten: Zürich, Örlikon, Baden, Netstal, Winterthur, Rüti, Rorschach, Uzwil, Arbon, Rieden, Schaffhausen. Der Verband erhob einen Halbjahresbeitrag von 30 Cts. pro Mitglied.

[2]) S M. A. Ztg. Nr. 25. 1905.

Was die Mitgliederzahl anbetrifft, so verweisen wir auf folgende Tabelle, aus welcher die Stärke der im Gewerkschaftsbunde zur Zeit der Gründung vertretenen Sektion des M.A.V. ersichtlich ist[1]). Aus nachfolgender Zusammenstellung (Tab. II) dürfte sich ein Bild von der gesamten Mitgliederbewegung seit 1892 ergeben.

„Wohl als wichtigster Grund des guten Fortschrittes in den zwei letzten Berichtsjahren ist aber der vorher erfolgte innere Ausbau des Verbandes zu betrachten. Durch die Schaffung der Arbeitslosenkasse, die Erhöhung der Reiseunterstützung, durch die Möglichkeit, auch in andern Fällen, bei Umzug, bei Krankheit in der Familie, durch welche dieselbe stark in Mitleidenschaft gezogen wurde, helfen zu können, eine bessere Unterstützung gemassregelter Mitglieder etc.; sodann im letzten Jahre die Einführung der Krankenunterstützung sind es, die dem Verbande viele Mitglieder zuführten. Die Erhöhung der Beiträge für die genannten Zweige der Verbandstätigkeit hat die Arbeiter nicht abgehalten, in den Verband einzutreten, wohl aber ist durch die grössere Leistungsfähigkeit das Zutrauen der Arbeiter in den Verband gewachsen. So ist auch hier wieder die Befürchtung, die jedesmal geltend gemacht wird, wenn sich eine Organisation mit den Unterstützungseinrichtungen beschäftigt und dieselben vermehren oder ausbauen will, die Befürchtung, dass die Organisation den Klassenkampfcharakter verliere und zu einem Unterstützungsinstitut versimple, widerlegt worden, und zwar in sehr anschaulicher Weise“ [2]).

Tabelle I.

Sektionen der Metallarbeiter im Gewerkschaftsbunde.
Ende 1888.

Beruf	Zahl der Sektionen	Zahl der Mitglieder
Giesser	8	305
Metallarbeiter	4	410
Schlosser	3	155

[1]) Jahresberichte des Schweizerischen Gewerkschaftsbundes 1888, 1890.
[2]) Bericht des Zentralvorstandes pro 1904 und 1905. S. 2.

Sektionen, welche Jahresberichte eingesandt haben.
1888.

Beruf	Zahl der Berichte	Zahl der Mitglieder	Zahl der Versamml.	Ausgegebene Gelder für Delegationen	Ausgegebene Gelder für Streik
Giesser	5	190	56	Fr. 190.—	Fr. 337.—
Metallarbeiter	2	85	20	„ 15.—	„ 70.—
Schlosser	3	150	37	„ 38.—	„ 146.—

Pro 1890.

Beruf	Zahl der Vereine	Jahresbericht einges.	Mitglied. angemeldet	Versammlungen	Ausgegebene Gelder für Streik	Ausgegebene Gelder für Delegationen
Giesser	10	9	342	100	Fr. 965.—	Fr. 571.—
Metallarbeiter	3	3	211	39	„ 298.—	„ 26.—
Schlosser	3	1	69	24	„ 41.—	„ 3.—
Spengler	5	2	86	32	„ 263.—	„ —.—

Tabelle II.

Mitgliederbewegung des S.M.A.V.
1892—1906.

Jahr	Zahl der Sekt.	Mitglied.-zahl 1. Januar	Aufgenom. Mitgl.	Zugereist	Ausgetreten	Ausgeschloss.	Abgereist	Gestorben	Mitgl.-zahl 31.Dez.
1892	22	500?	—	—	—	—	—	—	—
1894	26	1494	—	—	—	—	—	—	1681
1895	45*)	1500-1700	—	—	—	—	—	—	—
1896	56	1800	—	—	—	—	—	—	2353
1897	—	—	—	—	—	—	—	—	—
1898	59—69	3436!	1753	696	308	434	1557	24	4000
1899	—	—	—	—	—	—	—	—	—
1900	86	4774	2532	966	862	484	2404	28	4394
1901	86—78	4394	1736	742	619	286	2044	13	3910
1902	—	3910	2290	862	1414	240	1640	11	3757
1903	82	3757	2572	1238	360	413	2309	18	4468
1904	76	4468	3760	1564	492	487	2853	31	5929
1905	78	5929	8169	2669	648	805	4028	38	11,187

*) Kongress in Luzern.

§ 2.

Die lokale Verbreitung des Verbandes, seine Zusammensetzung nach Handwerk und Grossindustrie.

Der S.M.A.V. hat seinen Anfang von der Ost-, Mittel- und Nordschweiz genommen und sich dann weiter auszudehnen gesucht. Die Führung besonders lag, wie wir in § 1 gesehen haben, in den Industrie-Gewerbezentren Zürich und Winterthur. Zum ersten Male werden die Sektionen des Verbandes bei der Publikation des Resultates über die Vereinigung nach Berufen und Ortschaften angeführt[1]). Betrachten wir das Resultat dieser Abstimmung, so ergibt sich, dass von den 24 beteiligten Gewerkschaften 10 Gewerkschaften der Giesser sind, somit Angehörige der Grossindustrie ca. 200. Wieviel Arbeiter in der Grossindustrie oder im Kleingewerbe von den übrigen Kategorien (Metallarbeitern, Schlossern etc.) beschäftigt sind, lässt sich nicht mit Bestimmtheit sagen. Wahrscheinlich sind die „Metallarbeiter" zum grossen Teil auch im Handwerk beschäftigt. In der Folge sucht man besonders auch

---

[1])

Schaffhausen,	Giesser	37 Ja	— Nein
Zürich,	Giesser	25 Ja	— Nein
Rüti,	Giesser	24 Ja	— Nein
Basel,	Giesser	14 Ja	— Nein
Schaffhausen,	Spengler	9 Ja	— Nein
Winterthur,	Feilenhauer	24 Ja	— Nein
Bern,	Giesser	12 Ja	— Nein
Örlikon,	Giesser	30 Ja	— Nein
St. Gallen,	Schlosser	23 Ja	13 Nein
Zug,	Spengler	15 Ja	— Nein
Schaffhausen,	Metallarb.	35 Ja	— Nein
Neuchâtel,	Spengler	10 Ja	3 Nein
Luzern,	Spengler	13 Ja	1 Nein
Zürich,	Schlosser	36 Ja	— Nein
Kriens,	Giesser	10 Ja	— Nein
Biel,	Metallarb.	17 Ja	— Nein
Bern,	Mechanik.	25 Ja	— Nein
Neuchâtel,	Metallarb.	13 Ja	— Nein
Winterthur,	Metallarb.	65 Ja	— Nein
Nieder-Uzwil,	Giesser	19 Ja	— Nein
Winterthur,	Giesser	22 Ja	— Nein
St. Georgen,	Giesser	9 Ja	— Nein
Lausanne,	Schlosser	50 Ja	— Nein
Bern,	Spengler	29 Ja	— Nein

die Arbeiter der Grossindustrie herbeizuziehen[1]). 1894 sind in Zürich bereits 4 Gewerkschaften Mitglieder des Verbandes (Schlosser, Spengler, Giesser und Kesselschmiede mit ca. 400 Mitgliedern), in Winterthur auch 4 (Metallarbeiter, Feilenhauer, Giesser und Maschinenschmiede mit ca. 250 Mitgliedern), St. Gallen 3 (Schlosser, Giesser, Spengler mit zusammen 70 Mitgliedern), Bern 4 (Metallarbeiter, Schlosser, Giesser, Spengler mit 150), Lausanne 2 (Metallarbeiter, Schlosser[2]) mit 55), Vevey 1, Chaux-de-Fonds 2, Freiburg 1, Biel 2 etc.[3]). Der Verband sucht sich also auch auf die welsche Schweiz auszudehnen, die Angehörigen der Gewerkschaften, die bis zu diesem Zeitpunkte gegründet waren, sind aber vorherrschend Deutsch-Schweizer und Deutsche. Am Kongress des Jahres 1896 wird der Bestand des Verbandes auf 56 Sektionen angegeben mit 1800 Mitgliedern, und zwar bestehen in Zürich schon 8, in Bern 5, Winterthur 4, Basel 3, Baden 3, Biel 3, St. Gallen 3, Lausanne 2, Luzern 2, Schaffhausen 2, Vevey-Montreux 2, Chur 2, Chaux-de-Fonds 2, Arbon 1, Freiburg, Frauenfeld, Grenchen, Genf, Horgen, Netstal, Rorschach, Rüti-Tann, Solothurn, Sursee, Uzwil, Zug je 1 Sektion[4]). Berufsweise sind die Sektionen gruppiert[5]):

Metallarbeitergewerkschaften	=	22
Spenglerfachvereine	=	8
Schlosser	=	7
Schmiede und Wagner	=	7
Giesserfachvereine	=	5 Sektionen

---

[1]) „Wir haben Versuche gemacht, wie es möglich sei, in der Grossindustrie, wo doch eine Zahl von grosser Bedeutung unorganisierter Arbeiter sich befindet, vorzugehen und die Ausstehenden der Organisation beizuführen. Nach den gemachten Erfahrungen und guten Erfolgen empfehlen wir unseren Sektionen, wo Grossindustrie vorhanden, die Organisation gruppenweise zu veranlassen. In der Weise, dass Schlosser, Dreher, Giesser, Fraiser, Bohrer, Stanzer, Gussputzer, Gehülfen usw. sich als Gruppe zusammentun und ihre beruflichen Interessen wahren und dann als solche Berufsgruppen oder Abteilungen die Metallarbeiter-Gewerkschaft des betreffenden Ortes bilden event. stärken sollen. Auf diese Weise wird es möglich sein, einen grossen Teil der Indifferenten in der Grossindustrie für die Organisation zu gewinnen." Jahresbericht des S. M. A. V. pro 1894, S. 30/31.

[2]) Wovon alle Mitglieder deutscher Sprache.

[3]) a. a. O., S. 14.

[4]) Jahresbericht des S. M. A. V. pro 1896, S. 25. Die Gesamtmitgliederzahl beläuft sich auf 2353. Zürich und Örlikon partizipieren mit 684, Bern mit 220, Winterthur mit 306, Lausanne mit 120, Arbon mit 100. Die übrigen Orte erreichen das erste 100 nicht.

[5]) a. a. O., S. 25.

Maschinenschmiede, Kesselschmiede, Schleifer und Messerschmiede, Feilenhauer und Mechaniker je 1 Sektion.

Die Gründe des Anwachsens der Mitgliederzahl liegen in der intensiven Agitation[1]), in der Vermehrung der Arbeiteranzahl in der Grossindustrie überhaupt[2]) und im Beitritt der Schmiede und Wagnergewerkschaften. Ausserdem kommen bei der grossen Fluktuation der Mitglieder leicht Doppelzählungen vor. An einigen Orten sind die Organisationen noch sehr schwach und lösen sich deshalb, wenn die geeigneten Leute, welche die Propaganda und Agitation trieben, wieder fort reisten, sehr leicht auf. Im Jahre 1896 lösten sich 6 Gewerkschaften auf, so die Giesserfachvereine in Olten und Basel, die Schmiede- und Wagnervereine in Chaux-de-Fonds und Vevey-Montreux, die Metallarbeitergewerkschaften in Kriens und Steckborn[3]). Im Jahre 1900 verteilte sich die Mitgliederzahl des Verbandes auf die einzelnen Berufsarten wie folgt[4]):

Bau- und Maschinenschlosser	1136	Schmiede	232
Giesser	760	Wagner	115
Spengler	429	Wickler	77
Hilfsarbeiter	288	Monteure	71
Mechaniker	263	Kesselschmiede	64
Maschinenarbeiter (Bohrer, Fraiser etc.)	255	Feilenhauer	28
		Kupferschmiede	9

übrige Berufsarten, Walzer, Schweisser, Uhrenmacher, Goldschmiede 54.

Im Anfang des Jahres 1901 und 1902 hatte der Verband unter der herrschenden Krise zu leiden und im letztern Jahre erfolgte auch der schon in § 1 besprochene Austritt der Giesser Im Jahre 1903[5]) bestunden 82 Sektionen in 45 Ortschaften. Nach Berufen verteilen sich die 4468 Mitglieder:

Bauschlosser	889	Mechaniker	459
Spengler	597	Dreher	372
Maschinenschlosser	571	Hilfsarbeiter	207
Giesser	506	Maschinenarbeiter	154

[1]) In agitatorischer Beziehung hat der Zentralvorstand in 21 Fällen Referenten entsandt. a. a. O., S. 28.

[2]) 1892 beschäftigte der Verein schweiz. Maschinenindustrieller 14541 Arbeiter in 76 Etablissementen, 1897=21179 Arbeiter in 101 Etablissementen.

[3]) „Das Motiv der Auflösung obiger Gewerkschaften war die schwache Beteiligung der Berufskollegen an der Organisation und der Mangel an organisatorischen Kräften". a. a. O., S. 24.

[4]) Jahresbericht pro 1900.

[5]) Jahresbericht des S. M. A. V. pro 1903.

Monteure, Installateure	108	Gold- und Silberarbeiter	18
Kupferschmiede	66	Gürtler	15
Metallgiesser	63	Messerschmiede	10
Feilenhauer	59	Maler	7
Wagner	51	Metalldrucker	5
Kernmacher	45	Andere Berufe	66
Modellschreiner	26	In Giessereien beschäftigt	682
Mühlenbauer	20		

Im Jahre 1903 wurden 10 neue Sektionen gegründet. Im Verbande sind viele kleine Gewerkschaften, die ein kümmerliches Leben fristen, und an einigen Orten herrscht zu grosse Zersplitterung in die verschiedensten Fachorganisationen innerhalb des Gesamtverbandes. Doch hat in neuester Zeit sich stark die Tendenz geltend gemacht, die verschiedenen Gewerkschaften an ein und demselben Ort zusammen zu fassen. Wir werden noch des Nähern auf diese Bestrebungen zurückkommen. Im Jahre 1903 waren 438 Spengler, 428 Bauschlosser, 288 Giesser, 185 Mechaniker, 97 Maschinenschlosser, 89 Schmiede, 51 Dreher, 46 Wagner, 37 Kupferschmiede in besondern Fachvereinen organisiert; in allgemeinen Metallarbeitergewerkschaften waren 2809 Mitglieder[1]).

In Tabelle III haben wir nur einige der wichtigsten industriellen Ortschaften der Schweiz herausgegriffen und die Entwicklung der dortigen Gewerkschaften verfolgt. — Ergänzend ist noch zu sagen, dass in den grössern Städten Fachvereine vorkommen, welche vorwiegend Mitglieder des Handwerks (Spengler, Schmiede) und der Industrie (Metallarbeiter, Giesser, Schlosser etc.) enthalten. Die Unterscheidung zu ziehen, ob die Vertreter des Handwerks oder der Industrie vorwiegend in einem Fachvereine sitzen, dürfte sehr schwer sein. So werden in einem Schlosserverein sowohl Leute sein, welche in einem grössern Etablissement und bei einem kleinern Meister arbeiten. — Aus Tabelle III entnehmen wir des weitern, dass an einigen Orten die Gewerkschaften vorübergehend eher Mitglieder verloren als gewonnen (Zürich) und dass die Entwicklung und Stärke der Organisationen nicht immer so blühend war, wie sie oft geschildert wurde. Früher wurde an einigen Orten oft auch zu schnell und wenig sorgfältig die Mitgliederschätzung vorgenommen und erst spätere genauere Angaben führten auf richtigere Resultate.

---

[1]) Bericht des Zentralvorstandes pro 1903, S. 20.

Im übrigen ist zu sagen, dass sich der Verband heute wohl über die ganze Schweiz, mit Ausnahme der italienischen, erstreckt und Sektionen wo immer möglich zu gründen sucht. In den Jahren 1904 und 1906 hat man nicht soviel Gewicht auf Gründung von neuen Sektionen als auf deren Ausbau und Kräftigung gelegt.

Auf die einzelnen Berufe verteilen sich nach dem Berichte pro 1904 und 1905 die Verbandsmitglieder:

	Ende 1905	Ende 1903
Bauschlosser	1602	889
Maschinenschlosser	1572	517
Dreher	1196	372
Maschinenarbeiter	972	154
Mechaniker	921	459
Spengler	898	597
Giesser	845	506
Hilfsarbeiter	676	139
Schmiede	419	181
Monteure und Installateure	340	108
Giessereihilfsarbeiter	291	68
Kernmacher	162	45
Modellschreiner	107	26
Feilenhauer	105	59
Kupferschmiede	98	66
Schweisser und Wagner	92	—
Drahtzieher	86	—
Wagner	86	51
Metallgiesser	84	63
Kesselschmiede	81	15
Gold- und Silberarbeiter	76	18
Hammerschmiede	65	6
Maler	29	7
Uhrmacher	22	—
Messerschmiede	12	10
Mühlenbauer	—	20
Gürtler	—	15
Metalldrucker	—	5
Andere Berufsart. u. unbestimmt	350	66

In Zürich sollen 800 Organisierte im Handwerk, 600 in der Grossindustrie arbeiten.

Tab. III **Anzahl der Sektionen des S.M.A.V.**

Jahr	Zürich[1]		Winterthur		Baden		Schaffhausen		St. Gallen		Uzwil		Basel		Olten		Gerlafingen		Luzern[2]		Zug		Bern		Freiburg		Lausanne		Genf	
	Zahl	Mitgld.	Z	M	Z	M	Z	M	Z	M	Z	M	Z	M	Z	M	Z	M	Z	M	Z	M	Z	M	Z	M	Z	M	Z	M
1894	5	513	3	239	3	128	2	60	3	70	2	71	?	?	1	14	—	—	2	25	1	49	4	130	1	21	2	57	?	?
1896	8	684	4	306	3	72	2	86	3	63	1	66	3	83	?	?	—	—	2	46	1	16	5	2[illegible]0	1	30	2	120	?	?
1898	9	1435	5	346	4	434	2	130	3	94	1	123	4	167	?	?	—	—	2	89	1	8	5	320	1	28	4	166	1	?
1900[3]	14	987	7	686	3	112	4	250	3	86	1	238	5	256	1	25	1	450	3	100	1	26	5	255	1	20	5	101	1	22
1901[3]	12	831	7	425	3	128	4	171	4	124	1	44[4]	5	267	1	25	1	20	3	75	1	13	5	246	1	12	5	207	3	146
1902[3]	8	405	4	283	3	622	5	102	4	163	1	55	5	252	?	?	1	20	3	81	1	22	5	258	1	20	4	228	3	232
1903[3]	6	506	4	351	1	133	4	161	4	188	1	115	6	278	?	?	—	—	3	?100	1	14	6	350	1	23	4	171	3	308
1904	7	905	2[5]	413	1	238	3	356	[illegible][6]	142	1	129	4	261	?	?	—	—	4	437	1	16	7	483	1	17	4	309	4	297
1905	6[6]	2093[7]	2	1101	2	489	1	746	2	257	1	192	2	836	1	10	—	—	4	562	1	11	4[6]	862	1	42	2	259	1[6]	297

[1]) Zürich mit Örlikon. [2]) Luzern mit Kriens und Emmenbrücke. [3]) Mitgliederzahl am 31. XII. [4]) Am 1. I.=238 Mitglieder. [5]) In Örlikon traten 391 Mann aus. [6]) Sektionsverminderung wegen Zusammenschluss. [7]) Zürich zählt in 4 Sektionen allein 1821 Mitglieder.

§ 3.

Schweizer und Ausländer im Verbande.

Eine Hauptbestrebung der organisierten Metallarbeiter ging seit der Gründung des Verbandes dahin, die ansässigen, einheimischen Arbeiter für ihre Ideale zu gewinnen. Darnach muss der Verband in der ersten Zeit sehr viel Ausländer unter seinen Mitgliedern gezählt haben. In der Tat spielte das reichsdeutsche Element eine grosse Rolle. Deshalb liessen sich die schweizerischen Arbeiter nur ungern in die Gewerkschaften bringen und dieses Widerstreben zeigte sich um so deutlicher, auf je extremern sozialistischen Boden die Vereine sich stellten. Wir verweisen hier auf das in § 1 gebrachte Zitat aus der Arbeiterstimme, aus welchem deutlich hervorgeht, dass unser Arbeiter einen gewissen Widerwillen gegen die internationalen sozialistischen Ideen zeigte. Unser Arbeiter fühlte sich eben immer noch als Schweizer, als Bürger eines demokratischen Staates. „An den alten, bewährten Institutionen der schweizerischen Demokratie musste selbst das Kapital Halt machen; auch in den traurigsten Zeiten der Krise war und blieb der Lohnarbeiter gleichberechtigter Bürger wie der reichste Fabrikant und niemals konnte demnach der schweiz. Arbeiter zum blossen «Verkäufer seiner Arbeitskraft» zur Ware degradiert werden[1].“ Erst nach und nach gelang es auch, unsere Arbeiterschaft besser heranzuziehen. — Es ist sehr schwer über das Verhältnis der Schweizer und Ausländer innerhalb der Organisation zuverlässige Angaben zu geben. — Naturgemäss war die erste Unterstützungseinrichtung, welche der Verband schuf, die Wander- und Reiseunterstützung. Wir werden bei Besprechung dieses Institutes sehen, wie sehr die Einrichtung unseres Verbandes von den deutschen Arbeitern in Anspruch genommen wurde. Sehr oft verkannten die fremden Arbeiter die einheimischen Eigentümlichkeiten und das Wesen unseres Staates und trugen so nicht zu einer Annäherung bei[2]. Bezeichnend für die Stimmung, welche gegen die Ausländer auch im schweizerischen Grütliverein herrschte, sei folgendes Vorkommnis. Am 17. November 1895 fand eine Delegiertenversammlung der zürcherischen

---

[1] Büchler. Zur Frage der volkswirtschaftlichen und rechtlichen Konsequenzen des modernen Industrialismus in der Schweiz. Bern 1903, S. 10.

[2] Vgl. Berghoff-Ising. Die sozialistische Arbeiterbewegung in der Schweiz.

Grütli- und Arbeitervereine in Töss statt und es wurde die Frage der Gewerkschaften und politischen Organisation aufgegriffen. Die Aufnahme der Gewerkschaften in den Bund wurde bekämpft aus folgenden Gründen:

1. Die Gewerkschaften bestehen grösstenteils aus Ausländern.
2. Die Gewerkschaften kümmern sich nicht um Politik und haben keinen oder nur schädlichen Einfluss auf das politische Leben.
3. Der Verband würde zu sehr mit gewerkschaftlichen Fragen beschäftigt.

Angenommen wurde ein Antrag, dass Gewerkschaften dem Verbande beitreten können, wenn sich die Schweizerbürger als besondere Sektion organisierten.

In den letzten Jahren haben sich bedeutend mehr Schweizer dem Verbande angeschlossen. So zählte die Sektion Zürich 1905:

Schweizer	=	873
Deutsche	=	366
Franzosen	=	11
Osterreicher	=	80
Italiener	=	41
Russen	=	20
Dänen	=	13

Von den 11,187 Mitgliedern Ende 1905 waren nach der Nationalität: Schweizer 7900, Deutsche 2175, Osterreicher 392, Italiener 349, Franzosen 89, von andern Nationen 192 [1]).

§ 4.

Die Zahl der organisierten und nicht organisierten Metallarbeiter.

Einleitend bemerken wir, dass es schwer hält, ganz genau die Zahl der Organisierten und der Nicht-Organisierten anzugeben. Für die Industrie wird es wohl eher möglich sein, das Verhältnis genauer zu berechnen, für das Handwerk aber sind uns die statistischen Resultate der letzten eidgenössischen Betriebszählung noch nicht zugänglich gewesen.

---

[1]) Jahresbericht pro 1904 und 1905, S. 5.

Nach der eidg. Fabrikstatistik von 1888 waren aus der Gruppe der Metallbearbeitung[1]) 107 Etablissemente mit 4157 Arbeitern, aus der Gruppe der Maschinenindustrie[2]) 249 Etablissemente mit 16,490 Arbeitern dem eidg. Fabrikgesetze unterstellt; total also 20,647 Arbeiter.

Nehmen wir die Zahl der organisierten Metallarbeiter auf 800 (vide Tab. I) an, so würde sich ein Prozentsatz von zirka 4 % der Organisierten zu den Unorganisierten ergeben[3]). Rechnet man aber noch die Zahl der Metallarbeiter, welche nicht unter dem Fabrikgesetze stehen, die im Kleingewerbe beschäftigt sind, hinzu, so wird der Prozentsatz vielleicht auf 3 % zurückgehen.

1895[4]) sind in der Metallbearbeitung = 9936 Arbeiter (580 weibl.); in der Maschinenindustrie = 23,921 (267 weibl.), total 32,857 Arbeiter beschäftigt. Nehmen wir die Zahl der organisierten auf 1600 an, so ergeben sich zirka 5 % organisiert. A. Steck[5]) nimmt als gewerkschaftlich organisiert schon 9 % an und als zur Berechnung in Betracht kommende Personen 27,728. Wir glauben aber, diese Zahl sei doch zu tief, wie die Mitgliederzahl des Verbandes von Steck schon mit 2500 etwas zu hoch angegeben wird. Rechnet man wie oben noch die Arbeiter, welche nicht unter dem Fabrikgesetz stehen, hinzu, so dürfte unsere Prozentzahl noch sinken.

1901[6]) wird die Arbeiterzahl in der Metallbearbeitung mit 12,731 (854 weibl.) und in der Maschinenindustrie mit 32,647 (476 weibl.) Arbeitern angegeben; total = 45,378. Zahl der Organisierten (vide Tab. II) im Durchschnitt 4000; also beträgt

---

[1]) Worunter: Eisenwerke, Kupfer- und Messingwerke, Draht-, Nägel-, Ketten-, Stahlfabrikation, Messer, Sensen, Feilen, Bohrer, Schlosserei, Spenglerei, Lampenfabrik, diverse Metallwaren.

[2]) Worunter: Giessereien, Maschinenbau im allgemeinen, Eisenbahnreparaturwerkstätten, Fabrikation und Transportmaterial, landwirtschaftliche Maschinen, Feuerspritzen, Hilfsapparate für Textil- und Bekleidungsindustrie, Waffenfabrikation, Glockengiesserei, Elektrische Apparate etc. (Vgl. Gross- und Kleinbetrieb der schweizerischen Fabrikindustrie 1888 v. Dr. Wegmann. Z. f. schw. St. XXVII, S. 405.

[3]) Vgl. Jahresbericht des S. M. A. V. pro 1895, S. 14.

[4]) Schweiz. Fabrikstatistik nach den Erhebungen des Eidg. Fabrikinspektorates vom 5. Juni 1895.

[5]) A. Steck: Die heutige Gewerkschaftsbewegung in der Schweiz (Archiv für soziale Gesetzgebung und Statistik 1897.

[6]) Schweiz. Fabrikstatistik pro 1901.

der Prozentsatz derselben 9,5 %. — In letzter Zeit ist derselbe aber auf 15—20 % gestiegen.

In den Städten ist natürlich die Zahl der Organisierten etwas grösser. Wir beschränken uns in folgender Darstellung nur auf Zürich[1]):

Wir haben eine *Berufszugehörigkeit* überhaupt zur

		% aller Berufszugehörigen 1900	1894
Maschinenindustrie	10,166	6,75	5,64
Metallbearbeitung	4695	3,12	3,42

Erwerbstätige

		% aller Erwerbstätigen 1900	1894
Maschinenindustrie	4282	5,73	4,9
Metallbearbeitung	2069	2,77	2,89

Abhängige waren in der Metallbearbeitung 1674 (1900) 1496 (1894); in der Maschinenindustrie 3967 (1900) und 2929 (1894).

Nach dem Berichte pro 1900 zählten die Sektionen in Zürich 582 Mitglieder (1894 = 377). Die Zahl der Oganisierten im Verhältnis zu den Nichtorganisierten beträgt also 1900 = 10 % (1894 = 8 %). Ende 1905 sind in Zürich 1821 Mann organisiert; also zirka 25—30 % der in der Maschinenindustrie und Metallbearbeitung erwerbstätigen Personen.

---

[1]) Die Berufsgliederung der Bevölkerung der Stadt Zürich. (Vorläufige Mitteilungen aus den Ergebnissen der eidgenössischen Volkszählung vom 1. Dezember 1900. Herausgegeben vom stat. Amt der Stadt Zürich.)

II. Kapitel.

Gewerkschaftliche Verfassungsprobleme.

§ 1.

Die Aufnahme- und Ausschlussbedingungen.

Eine wichtige Frage für jede Arbeitervereinigung, welche ihre Postulate auf eine grosse Masse stützen muss, ist die, ob sie alle Personen des gleichen Interessentenkreises und der gleichen Weltanschauung heranzieht.

Je nach der Stellung, welche eine solche Vereinigung in der Gesellschaft schon einnimmt, werden die Eintrittsbedingungen verschieden ausfallen. Ein Verband, der sich erst eine Existenzberechtigung erkämpfen muss, der erst möglichst viele Leute für seine Ideen zu gewinnen sucht, wird eher geneigt sein, leichtere Aufnahmebedingungen zu bieten, als ein solcher, der schon festgefügt dasteht und seinen Mitgliedern mannigfache Unterstützung bieten kann. Wenn ein Arbeiterverband die Forderung des Minimallohnes bei den Unternehmern realisieren will, so muss er auch in seinen Mitgliedern eine gewisse Garantie bieten können, dass sie den von den Arbeitgebern auf sie gesetzten Erwartungen entsprechen[1]). Das Wieviel dieser Garantie bildet ein schweres gewerkschaftliches Problem und lässt sich vor allem nicht schablonenhaft lösen.

In England haben wir Gewerkschaften, welche *einen* grossen Beruf umfassen, welche die Interessen dieses Berufes auf möglichst gute Art fördern wollen und welche sich in politischer Beziehung

[1]) „Heute finden wir, dass der Verein der Maschinenbauer so gut wie seine Rivalen, ohne Beschränkung jeden aufnimmt, der 5 Jahre in einer Maschinenfabrik, wenn auch nur als jugendlicher Arbeiter oder Maschinenarbeiter, gearbeitet hat und zur Zeit seiner Bewerbung um Aufnahme den in seinem Zweige des Gewerbes giltigen Standardlohnsatz verdient, ganz ohne Rücksicht, ob er Lehrling gewesen ist oder nicht.“ S. & B. Webb, Theorie und Praxis der englischen Gewerkvereine, Bd. I. S. 17.

wenn nicht auf neutralen Boden, so doch nicht in Widerspruch mit der herrschenden Weltanschauung stellen. In der Schweiz liegen die Verhältnisse anders. Einmal umfasst der S.M.A.V. nicht Angehörige ein und desselben Berufes, wie wir gesehen haben, sondern ihm liegt nur die Idee der Bearbeitung des gleichen Rohstoffes zugrunde[1]). Er stellte sich seit seiner Gründung auf den Boden der sozialistischen Weltanschauung und sozialdemokratischen Partei[2]) und zählte besonders in seiner ersten Zeit sehr viele Ausländer. — Es wird einleuchten, dass eine solche Organisation, die bald auf grosse Opposition und grossen Indifferentismus unter den Berufsgenossen selbst stiess, zuerst froh sein musste, dass sie überhaupt Mitglieder bekommen konnte, ohne von diesen spezielle Erfordernisse zu verlangen. Daher wurden auch Mitglieder aufgenommen, welche nicht eigentliche Metallarbeiter zu sein brauchten, es genügte, wenn sie in einem Betriebe, der sich mit Metallbearbeitung abgab, beschäftigt waren. So konnten auch Maler, Holzarbeiter etc., welche in einem grossindustriellen Betriebe arbeiteten, aufgenommen werden, und sie wurden gerne aufgenommen, um die Zersplitterung in zu viele Berufsgewerkschaften zu vermeiden und um das Gefühl der Zusammengehörigkeit der Arbeiterschaft eines Ortes mit bestimmtem industriellen Gepräge zu wahren. Nach den Statuten vom 29. März 1902 kann jeder moralisch gut beleumdete Arbeiter oder Arbeiterin in der schweizerischen Metall- und Maschinenindustrie Mitglied des S.M.A.V. werden. Die Aufnahme der Mitglieder geschieht durch diejenige Sektion, in welcher sich der Betreffende anmeldet. Das Eintrittsgeld beträgt 50 Cts. einschliesslich eines Mitgliedbuches.

Ausgeschlossen wird nach Art. 26 der Statuten von 1892:

a. wer wissentlich die Interessen und die Ehre des Verbandes durch Wort oder Tat schädigt, sei es dann durch unbefugte Veröffentlichung von Beschlüssen oder durch rachsüchtiges Verzeigen der Nebenarbeiter an Vorgesetzte bei der Arbeit;

---

[1]) Vgl. O. Bechtle: Die Gewerkvereine der Schweiz.

[2]) Vgl. Art. I der Statuten des S. M. A. V. vom 8. Mai 1892. „Der Verband der Metallarbeiter umfasst alle Metallarbeiter-, Giesser- und Spenglerfachvereine der Schweiz, sowie die gemischten Gewerkschaften, welche diesen drei Gruppen und ihren anverwandten Berufsgenossen angehören. Sie sind als solche Glieder des Schweiz. Gewerkschaftsbundes und der sozialdemokratischen Organisation. Letztere nur insoweit es die schweizerischen Genossen betrifft.“

b. wer die Kasse betrügerischer Weise benutzt;

c. wer bei Arbeitseinstellungen ohne Genehmigung der Orts- oder Zentralbehörden die Arbeit wieder aufnimmt;

d. wer in einer für die Mitglieder des Verbandes geschlossenen Werkstätte arbeitet und sich gegen die Interessen der Arbeiterklasse im allgemeinen verstösst;

e. wer mit schuldigen Beiträgen im Rückstande ist, deren Höhe den Betrag von 6 Monatsbeiträgen überschritten hat.

So leicht die Bedingungen für die Aufnahme eines Mitgliedes sind, eine so schwere Strafe trifft dieses, wenn es der gewerkschaftlichen Disziplin nicht Folge leisten will. Die Mitglieder sollen eben unter allen Umständen mit den andern Kollegen solidarisch vorgehen. Diese Bedingungen sind durch die Statutenrevision vom 29. März 1902 etwas modifiziert worden [1]).

Die Austrittserklärung eines Mitgliedes muss schriftlich an den Sektionsvorstand oder mündlich in der Sitzung erfolgen; der Austritt wird jedoch nur dann genehmigt, wenn das Mitglied seinen Verpflichtungen voll nachgekommen ist, andernfalls wird es gleich Ausgeschlossenen behandelt (Art. 6).

Im Anschlusse an die Aufnahme- und Ausschlussbedingungen möchten wir noch die Frage vom Standpunkte der Arbeiter aus kurz streifen, ob dieselben ein Recht darauf haben, ihre Kollegen

---

[1]) Vide Art. 7. Der Antrag auf Ausschluss eines Mitgliedes kann durch ²/₃ Mehrheit der in einer Sektionsversammlung anwesenden Mitglieder erfolgen, wenn es

a) sich beharrlich weigert, den statutarischen Bestimmungen oder den Beschlüssen des Zentralvorstandes oder der Sektion nachzukommen;

b) wissentlich die Interessen oder die Ehre des Verbandes schädigt;

c) die Kasse in betrügerischer Weise benutzt;

d) bei Arbeitseinstellungen vor Beendigung derselben die Arbeit wieder aufnimmt;

e) in einer für die Mitglieder gesperrten Werkstatt Arbeit nimmt;

f) seine geschäftliche Stellung dazu missbraucht, andere zur Umgehung statutarischer Bestimmungen zu veranlassen oder anzuhalten;

g) mit mehr als 8 Wochenbeiträgen im Rückstande ist, jedoch nur dann, wenn ihm vorher eine schriftliche Mahnung durch den Sektionsvorstand zugestellt wurde.

Nach Art. 8 erfolgt der Ausschluss von Mitgliedern durch den Zentralvorstand auf Antrag der Sektionen. Die Ausgeschlossenen haben eine Frist von 14 Tagen, innerhalb welcher sie an die Beschwerdekommission appellieren können.

in die Gewerkschaft zu zwingen[1]). Die eine Meinung der Arbeiter geht dahin: „Ja wir haben ein Recht, weil wir alle von einander abhängig sind, weil mein Kollege, der zu schlechtern Bedingungen wie ich arbeiten würde, mich zwingt, zwischen der Strasse oder diesen schlechtern Bedingungen zu wählen, also die Situation meines Mitarbeiters die meine teilweise bestimmt. Ferner, weil der einzelne unter uns Arbeitern fast gar nichts gegen den Meister auszurichten vermag, wenn es sich darum handelt, die Lage der Arbeiter zu verbessern oder auch nur zu verändern. Wir haben ja mehr als genügend erfahren, dass zu einer Verbesserung unserer Situation die Mitwirkung wenn nicht aller, so doch des grössten Teiles unserer Kollegen notwendig ist. Zum Schlusse dürfen wir behaupten, indem alle Kollegen den Nutzen unserer Erfolge geniessen, haben auch alle die Pflicht, an die Opfer zu steuern und somit haben die organisierten Arbeiter das Recht, die unorganisierten Kollegen wenn immer möglich zu zwingen, unsern Gewerkschaften beizutreten“[2]). Die andere Ansicht lautet: „Was hätte die Genossenschaft davon, wenn die Mitglieder nur durch den Zwang kämen? Die grosse Agitation würde überflüssig, das Reglement würde uns die Leute bringen“. „Das Obligatorium wäre ein Gift, das alle, die davon Gebrauch machen, umbringt“. „Auch könnten die Unternehmer, neben unsern, auch andere Gewerkschaften, die direkt oder indirekt unter ihrem Einfluss stehen, gründen und dann? Sie würden uns mit dem von uns geforderten Obligatorium in diese Gewerkschaft zwingen und wenn wir nicht wollen, uns auf die Strasse werfen. Schlechte Elemente würden in die Gewerkschaft kommen etc.“ „Den Beweis, dass gezwungene Mitglieder gefährliche Leute sind, dass eine Gewerkschaftsorganisation, die zum grossen Teil durch Zwang, statt durch aufklärende Agitation zustande kam, durchaus nicht für das Ziel zu haben ist, dem alle aufgeklärten Arbeiter zusteuern, bringt mir der grosse Teil der amerikanischen und englischen Gewerkschaften.“ Weiter werden Befürchtungen laut, dass mit Aufnahme einer „plumpen, unwissenden, willenlosen Majorität“ die zielbewusste Leitung der Gewerkschaften sehr erschwert würde und diese in ein anderes Fahrwasser geraten könnten. Zum

[1]) Diese Frage wurde anlässlich einer Bewegung der Schlosser in Lausanne im August 1904 in der S. M. Ztg. erörtert. S. M. Ztg. 1904. Nr. 15, 16, 21. Es handelte sich um die Aufnahme des Obligatoriums der Gewerkschaft in die Werkstattordnung.

[2]) S. M. Ztg. Nr. 15, 1904.

Schlusse noch folgende Ansicht: „Der Grad der Entwicklung der Gewerkschaften muss zur Zeit der Möglichkeit, das Obligatorium zu erringen, ein so hoher sein, dass die hemmende Gewalt der gezwungenen Mitglieder paralysiert werden kann“ [1]).

Dass zu leichte Aufnahme in die Gewerkschaft gefährlich sein kann, und im besten Falle der Gewerkschaft nichts nützt, mag folgende Äusserung des schweizerischen Arbeitersekretariates beweisen: [2]) „Das Syndikat der Metallarbeiter (gesagt ist nicht wo, aber der Vorfall ereignete sich in der Westschweiz) hatte gegen Ende November seine Mitglieder zu einer Versammlung eingeladen, wo der Adjunkt über Berufsorganisation hätte reden sollen. Es kam aber sozusagen niemand. Und wenn wir nach der Ursache dieser Gleichgültigkeit forschen, so finden wir sie, um es ganz offen zu sagen, in der Leichtfertigkeit, mit der gefallene Berufsgenossen, die kaum bekannt sind, aufgenommen werden, die dann gerne das grosse Wort führen, die meistens Anhänger der „direkten Aktion“ und der „reinen Gewerkschaft“, sich bemühen, alles Bisherige umzustürzen und Neuerungen einzuführen, dann aber wieder verschwinden, wie die Sternschnuppen am Himmel, ein Glück noch, wenn sie nicht mit den Geldern reisen, die man so schwach war, ihnen anzuvertrauen. Es braucht nur einige solcher abschreckender Erfahrungen, um einer grossen Anzahl der oft gewissenhaftesten und eifrigsten Elemente die Freude am Syndikat zu verderben“. Am Kongress 1906 wurde der Antrag gestellt, es soll kein Genosse in eine Gewerkschaft des S.M.A.V. aufgenommen werden, wenn derselbe bei der Aufnahme nicht persönlich anwesend ist.

§ 2.

Die Sektion und ihre Stellung im Verbande.

a. Zusammensetzung und Organisation der Sektion.

Unter einer Sektion des S.M.A.V. können wir die Gesamtheit der örtlich organisierten Metallarbeiter ein und desselben Berufes, z. B. die Spengler, Schlosser oder die Gesamtheit der örtlich organisierten Metallarbeiter überhaupt ohne Rücksicht auf den persönlichen Beruf verstehen.

---

[1]) S. M. Ztg. Nr. 22, 1904.

[2]) XVIII. Jahresbericht des leitenden Ausschusses des Schweiz. Arbeiterbundes und des Schweiz. Arbeitersekretariates pro 1904, S. 87.

Es wird klar sein, dass Sektionen ersterer Art mehr dort vorkommen, wo auch das Handwerk eine grosse Rolle spielt, dass Sektionen letzterer Art ihren Sitz an Orten der Grossindustrie haben. Aber die Berufsmetallarbeiter-Gewerkschaft ist auch der ältere Typus; denn wie wir gesehen haben, setzte sich der S.M.A.V. aus den Fachvereinen der Spengler, Giesser etc. zusammen, welche grössern Fachvereine wieder von den örtlich organisierten Berufsarbeitern ins Leben gerufen worden waren. — Die Sektion nach dem zweiten Typus bildet also einen Fortschritt gegenüber dem ersten, sie entstand erst aus der „Zusammenlegung" der verschiedenen Berufsgewerkschaften zu einer starken Gewerkschaft (grössere Ortschaften zur Möglichkeit der Durchführung natürlich vorausgesetzt) und diese Verschmelzung geschah erst allmählich, indem sie von den einzelnen Gewerkschaften ein Aufgeben des „Berufsstolzes", grössere Subordination und Einigkeit erforderte. Im diesbezüglichen Sinne wurde am Kongresse 1904 folgende Resolution eingebracht: „In Erwägung, dass im Zeitalter der Arbeitsteilung in der Maschinenindustrie (Grossbetrieb), sowie in den handwerkmässigen Betrieben die Tendenz vorherrscht, womöglich die Arbeit zu spezialisieren und somit den Arbeiter immer mehr zum Spezialisten und Detailisten herunter zu drücken, haben wir als Metallarbeiter die heiligste Pflicht, den zum grossen Teil überlebten Berufsstolz abzulegen und als Kämpfer für eine gemeinsame Sache zur Beseitigung der heutigen Wirtschaftsordnung uns als *Ganzes* zu fühlen. Eingedenk dieser Tatsache beschliesst der Verbandstag:

1. Die Delegierten verpflichten sich moralisch, dafür besorgt zu sein, dass innerhalb der nächsten 2 Jahre die sogenannten Fachvereine sich auflösen und den Sektionen des Verbandes angegliedert werden.

2. In grossen Ortschaften oder Städten dafür besorgt zu sein, dass wenn möglich nur eine Sektion des Verbandes bestehe, in welcher alle Metallarbeiter organisiert sind.

3. Überall, wo sich Kollegen organisiert haben, das Werkstätten-Delegierten-System einzuführen. —

Weiter führt der Bericht aus: „In St. Gallen haben wir das vorgenommen und guten Erfolg gehabt, es bestehen nur noch 2 Sektionen gegen 5 und auch die zweite wird verschwinden [1]).

---

[1]) Protokoll über den Verbands-Kongress, 1. und 2. April 1904, S. 9 ff.

In Genf und Arbon wurde die Verschmelzung beschlossen, in Zürich und andern Städten ist sie in den letzten zwei Jahren zum Teil durchgeführt worden." Vide Tab. III.

„Auf dem Kongress in Luzern ist eine Resolution angenommen worden, die den Sektionen die Vereinigung empfiehlt. Wie das Resultat zeigt, ist sie an vielen Orten befolgt worden. Wenn auch noch manche sich der Neuerung nicht gerade sympathisch zeigen[1]), so ist doch in absehbarer Zeit die vollständige Durchführung dieser Änderung zu erwarten. Die durch die Verschmelzung gezeitigten Resultate sind auch ganz erfreulich, wenn auch da und dort noch nicht alles klappt. Voraussetzung ist eben, dass eine durchwegs geordnete Verwaltung vorhanden sei, andernfalls wird Enttäuschung eintreten. So ist es denn auch vorgekommen, dass bereits vorgenommene Vereinigungen von verschiedenen Sektionen wieder rückgängig gemacht wurden und die Fachsektionen wieder weiter existieren, doch kommt das immer seltener vor" [2]).

In der Tat ist das Problem, ob Fachsektionen oder allgemeine Metallarbeitergewerkschaften, für den Verband wichtig genug. — Auch für die Agitation bedeutet eine solche allgemeine Gewerkschaft Vorteile, weiter wird durch dieselbe das Gefühl der Zusammengehörigkeit aller Metallarbeiter jedenfalls stark gehoben und bei Lohnkämpfen wird eine grosse einheitliche Gewerkschaft sicher einen viel stärkeren Rückhalt gewähren. Auf der andern Seite werden der Arbeiter, der einen bestimmten Beruf erlernt hat, und der ungelernte Arbeiter, der Hilfsarbeiter, einander gleich gestellt, um unter Zurücksetzung des Berufsinteresses das Interesse der Klasse und des ganzen Standes besser betonen zu können.

„Die Mitglieder der Fachsektionen glauben, dass ihre Interessen nicht verfochten werden könnten, wenn sie sich in Gewerkschaften organisieren, welche Mitglieder aller Branchen der Metall- und Maschinenindustrie aufnehmen, sie hängen noch zu sehr am Berufsstolz, der es ihnen verbietet, mit Arbeitern anderer Berufe zusammen organisiert zu sein; sie befürchten eine Abschwächung des Interesses, das ihre Berufskollegen der Organisation entgegenbringen, andere haben wieder finanzielle Bedenken[3])" etc. Gegen diese Bedenken wird auf die Allgemeinheit der Fragen, welche den Arbeiter be-

[1]) Besonders Spengler, Giesser, Schmiede und Wagner.
[2]) Jahresbericht pro 1904 und 1905, S. 6.
[3]) S. M. Ztg. 1904, Nr. 12, 13.

treffen, verwiesen, wie Lohnerhöhungen, Festsetzung von Minimallöhnen etc.

„Wir stellen uns überhaupt die Vereinigung so vor, dass zwischen den Gewerkschaftsversammlungen jeweilen nach Bedürfnis solche Versammlungen einzelner Branchen stattfinden werden, auch zu Agitationszwecken unter Umständen, so gut wie man Werkstätteversammlungen einberufen kann, wenn es sich um Angelegenheiten handelt, die eine einzelne Werkstatt betreffen. Dieselben können unter Leitung des Gewerkschaftsvorstandes oder einer speziellen Kommission stattfinden und Anträge soweit nötig für die Gewerkschaftsversammlung vorbereiten. Alle untergeordneten Geschäfte aber würden vom Vorstand erledigt und zur Behandlung würden nur solche Gegenstände kommen, deren Interesse gross genug ist, die Aufmerksamkeit der Mitglieder zu fesseln [1]).

„Das Bestreben einiger Fachsektionen, in der beruflichen Ausbildung der Mitglieder Gutes zu leisten, so anerkennenswert es sei, dürfe nicht die gewerkschaftliche Tätigkeit beeinträchtigen. Übrigens würden diese Bestrebungen durch Aufgehen in einer allgemeinen Gewerkschaft nicht verkürzt werden. — Wie verkehrt diese Branchenorganisation ist, zeige sich recht bei Fabrikgewerkschaften, wo oft im gleichen Betrieb mehrere Gewerkschaften bestehen, z. B. Fachvereine der Schlosser, Dreher, Giesser etc. Jede einzelne ist ohnmächtig, zu schwach gegen den Prinzipal, oder will eine Sektion für sich die Verkürzung einer Arbeitszeit erringen, wenn die andern noch die alte beibehalten? Fabrikgewerkschaften sind die einzig mögliche Organisation in Ortschaften, wo nebst der betreffenden Fabrik keine andern Geschäfte der Metall- und Maschinenindustrie bestehen.“

In Örlikon habe der S.M.A.V. nicht grössere Fortschritte gemacht wegen der dortigen Berufsgenossenschaft.

Was die Statuten anbetrifft, so zeigen sie auch die Tendenz für Zusammenfassung [2]) der einzelnen Gewerkschaften.

---

[1]) S. M. Ztg. 1904, Nr. 13.

[2]) Vgl. Statuten des S. M. A. V. 1902, Art. 3. „Die Mitglieder eines Ortes bilden eine Sektion. Wo es besondere Umstände oder das Interesse des Verbandes erfordern, können einzelne Branchen für sich Sektionen bilden, jedoch ist eine Zersplitterung der Kräfte möglichst zu vermeiden.“ „In grossen Gewerkschaften können die einzelnen Berufsgruppen einen eigenen Gruppenvorstand wählen, welcher den Sektionsvorstand in seinen Arbeiten zu unterstützen hat, Art. 36, St. 1902.“

b. Die Stellung der Sektion zum Verbande.

Nach Art. 9 der Stat. vom 1. Januar 1892 hat jede Sektion zum regelmässigen Verkehr zwischen ihr und dem Zentralvorstand aus ihrer Mitte einen Vertrauensmann zu wählen. Über die Funktionen desselben und die Verkehrsleitung ist ein besonderes Regulativ aufgestellt [1]). Berufsgruppen sind ermächtigt, Subkommissionen für innere Berufsangelegenheiten zu wählen. Dieselben haben sich in gegebenen Fällen an den Zentralvorstand zu wenden, mit welchem sie gemeinschaftlich die in Frage kommenden Angelegenheiten zu beraten und auszuführen haben. (Art. 9, Abs. 1 der Stat. v. 1892.)

Durch die Statuten vom 29. III. 1902 ist die Zentralgewalt des Verbandes grösser geworden. Art. 44 erklärt die Sektionen als Zweigstellen des Verbandes, eine Auflösung oder ein Austritt einer solchen kann nur mit Zustimmung des Zentralvorstandes erfolgen. Die Verwaltung der Sektion besorgt ein Vorstand von wenigstens 5 Mitgliedern, welcher von der Hauptversammlung gewählt wird. — Diese Sektionsvorstände haben vom Zentralvorstand festgesetzte Pflichten und Aufgaben [2]). — Auf die einschlägigen Verpflichtungen der Sektionen gegen den Verband in Bezug auf Arbeitseinstellungen, Unterstützungswesen kommen wir in den diesbezüglichen Paragraphen zu sprechen. — Der kräftige Zentralismus scheint viel zur Förderung des Verbandes beigetragen zu haben.

---

[1]) Nach diesem Regulativ haben die Vertrauensmänner alle 3 Monate dem Zentralvorstand einen Bericht einzusenden. Dieser hat zu enthalten:

a) Mitteilungen über wichtige Verhandlungsgegenstände an den Versammlungen;

b) an was für Mängeln leidet der Verein;

c) Vorschläge zur Abhilfe der bezeichneten Mängel;

d) Bericht über die Möglichkeit der Gründung einer Sektion in der Nachbarschaft, unter Angabe der bestehenden Verhältnisse und Arbeiter.

e) Bericht über die Mitgliederzahl der Sektionen.

f) Bericht der Beschlüsse, welche über Stellungnahme der gesamten Arbeiterschaft sich in der Sektion ergeben;

g) Mitteilungen und Berichte über spezielle Anfragen, die im Interesse des Verbandes und zur Ausführung des aufgestellten Programmes vom Zentralvorstand zur Beantwortung übermittelt werden.

Die Vertrauensmänner sind für ihre Berichte und Angaben verantwortlich und haben für ihre Beschwerden etc. vollgültige Beweise zu stellen.

[2]) a) Die Einberufung der Versammlungen, wenigstens alle Monate findet eine solche statt;

§ 3.

Der Verband.

a. Umfang und Zweck des Verbandes.

Der Verband führt den Namen Schweizerischer Metallarbeiter-Verband und umfasst die in der schweiz. Metall- und Maschinenindustrie beschäftigten Arbeiter und Arbeiterinnen, welche in Sektionen organisiert sind und die Verbandsstatuten anerkennen. (Art. 1 der Stat.)

Zweck des Verbandes ist, die geistigen und materiellen Interessen seiner Mitglieder zu wahren und zu fördern; dieser Zweck soll erreicht werden durch:

a. Gründung neuer Sektionen unter möglichster Beiziehung aller Berufsgenossen und verwandter Berufszweige;

b. Schutz der Mitglieder gegen Bedrückung und ungerechtfertigte Anforderungen von seite der Unternehmer;

c. Pflege kollegialen und idealen Brudersinnes;

d. Regelung des Lehrlingswesens und Förderung des kommunalen Arbeitsnachweises;

e. Verkürzung der Arbeitszeit, Beseitigung der Überzeit- und Akkordarbeit unter Zugrundelegung eines für die Lebensbedingungen der Arbeiter und ihrer Familien notwendigen Minimallohnes;

---

b) Abfassung der Jahresberichte an den Zentralvorstand;

c) Besorgung und Eintragungen in die Mitgliedsbücher;

d) Überwachung und Ausführung der Lokal- und Zentralstatuten;

e) Überwachung der Ausführung der Arbeiterschutzgesetze; Abbestellung von Übertretungen event. mit Hülfe des Zentralvorstandes.

f) Entgegennahme und Untersuchung von Klagen der Mitglieder über Misstände in Werkstätten event. Weiterleitung an den Zentralvorstand.

g) Abfassung der Unterstützungsgesuche für Mitglieder an den Zentralvorstand.

h) Agitation für Gewinnung neuer Mitglieder.

i) Unterstützung des Zentralvorstandes in allen Fällen, wo dieselbe nützlich oder notwendig ist.

k) Mitteilung aller wichtigen Vorkommnisse in den Sektionen und am Orte an den Zentralvorstand.

l. Sorge für regelmässige Einzahlung der Mitgliederbeiträge. (Art. 37 der Stat. 1902).

Weiter bedürfen alle Lokal- und Sektionsstatuten der Genehmigung des Zentralvorstandes und dürfen nichts enthalten, was den Zentralstatuten zuwiderläuft. (Art. 39).

f. Pflege der Berufsstatistik;

g. Rechtsschutz in gewerblichen und solchen Streitigkeiten, in welche die Mitglieder infolge ihrer Verbandstätigkeit verwickelt werden;

h. Gewährung von Unterstützung im Streitfall, bei Massregelung, Aussperrung, Arbeitslosen- und Reiseunterstützung, Unterstützung bei Krankheits- und Sterbefällen und in besonderen Notfällen;

i. Überwachung der Ausführung der Arbeiterschutzgesetze;

k. Pflege, Unterstützung und Förderung des Genossenschaftswesens und der Bestrebungen zur Einführung gewerblicher Schiedsgerichte;

l. Abhaltung von gemeinnützigen und wissenschaftlichen Vorträgen, Abhaltung von Fachkursen und Gründung von Bibliotheken;

m. Pflege der Internationalität durch Huldigung der Freizügigkeits- und Gegenseitigkeitsprinzipien und Anschluss an das internationale Sekretariat der Metallarbeiter. Art. 2.

b. Die Organe innerhalb des Verbandes.

Wir unterscheiden:

α. ein gesetzgebendes Organ,
β. ein vollziehendes Organ,
γ. ein richterliches Organ.

α. Das *gesetzgebende Organ* wird gebildet durch die Delegiertenversammlung und die Urabstimmung.

Die Delegiertenversammlung findet alle 2 Jahre im Frühjahr statt; derselben unterliegen:

a. Beratung über Statutenänderungen;

b. Annahme der Geschäftsberichte;

c. Wahl des Vorortes und des Sitzes der Beschwerdekommission;

d. alle Anträge, welche ihr vom Zentralvorstand, von Sektionen oder Delegierten unterbreitet werden, zu deren Behandlung sie sich kompetent erklärt (Art. 27[1]). — Die Versammlung setzt sich zusammen aus Abgeordneten der Sektionen; auf je 50 Mitglieder oder Bruchteilen von über 25 ist ein Delegierter zu wählen; auch kleinere Sektionen haben ebenfalls das Recht auf einen Delegierten.

[1]) Wir zitieren nach den Statuten v. 29. III. 1902.

Ein Delegierter muss dem Verband wenigstens ein Jahr lang angehört haben, Ausnahmen sind nur bei Sektionen gestattet, die weniger als ein Jahr dem Verbande angehören[1]).

Die Einberufung einer ausserordentlichen Delegiertenversammlung kann der Zentralausschuss von sich aus, oder wenn $^1/_{10}$ der Sektionen oder Mitglieder es verlangen, einberufen; in letzterm Falle muss er dieselbe einberufen.

Ort, Datum und Traktandenliste der Delegiertenversammlung, inbegriffen die von den Sektionen gestellten Anträge, müssen wenigstens 12 Wochen vorher bekannt gegeben werden.

Die Urabstimmung.

Diese ist oberste Instanz des Verbandes und entscheidet über:

a. Alle Statutenänderungen;

b. alle Beschlüsse der Delegiertenversammlung, wenn $^1/_8$ der Delegierten die Urabstimmung verlangt;

c. alle Gegenstände, welche ihr vom Zentralvorstand überwiesen werden;

d. alle Beschlüsse der Delegiertenversammlung oder des Zentralvorstandes, wenn $^1/_{10}$ der Sektionen oder der Mitglieder eine solche verlangen;

e. die Wahl der Verbandsbeamten.

Die Urabstimmung ist mit dem fakultativen Referendum vergleichbar und hat in einer Frist von 30 Tagen stattzufinden.

β. Das vollziehende Organ.

Dieses wird gebildet durch den Zentralvorstand.

„Der Zentralvorstand ist die vollziehende Behörde des Verbandes und vertritt denselben nach innen und aussen; er ist verpflichtet, die Interessen desselben zu wahren und zu fördern, die Handhabung der Statuten zu bewachen und die Beschlüsse der Urabstimmung und Delegiertenversammlung genau auszuführen; er

---

[1]) Nach den Stat. v. 1892, Art. 10, konnte jede einzelne Berufsgenossenschaft zur Besprechung ihrer speziellen Angelegenheiten ihre ausserordentliche oder ordentliche Delegiertenversammlung einberufen, unter Anzeige an den Zentralvorstand. Die ordentlichen Delegiertenversammlungen hatten jedoch am gleichen Orte und zu gleicher Zeit mit derjenigen des Zentralverbandes stattzufinden; und es konnten die speziellen den zentralen Versammlungen vorausgehen.

liefert jährlich einen umfassenden Bericht, welcher den Sektionen gedruckt und kostenlos zugestellt wird." Art. 32.

Gewählt wird der Zentralvorstand durch die Sektionen des von der Delegiertenversammlung bezeichneten Vorortes mit Amtsdauer bis zur nächsten Delegiertenversammlung. Die Mitgliederzahl beträgt wenigstens zwölf. Bei der Wahl ist darauf zu achten, dass wenigstens alle Sektionen des Vorortes und alle Branchen vertreten sind[1]). Der Zentralvorstand konstituiert sich selber. — Durch Urabstimmung werden jeweils Beamte auf die Dauer von 2 Jahren gewählt.

Als der Verband noch im Entstehen begriffen und der Zusammenhang noch lose war, konnten die Verbandsgeschäfte wohl noch von einem Arbeiter nach Feierabend und an Sonntagen besorgt werden. Doch zeigte sich mit der Zeit immer mehr das Bedürfnis, einen ständigen, von den Unternehmern unabhängigen Beamten anzustellen. Derselbe konnte ja auch die Agitation viel intensiver betreiben, konnte rasch bei ausgebrochenen Kämpfen zur Stelle sein, und sich genau über die einschlägigen Verhältnisse orientieren, ohne befürchten zu müssen, von seinem Arbeitgeber auf die Strasse gesetzt zu werden. — Schon Ende der 90er Jahre werden deshalb Anläufe zur Schaffung eines ständigen Metallarbeitersekretariates gemacht, und dessen Einführung wird auch auf 1. Januar 1898 beschlossen[2]). — Doch musste sich der Verband noch finanziell kräftigen, bevor er die beschlossene Neuerung wirklich einführen konnte. Am Kongress in Winterthur (13. bis 14. April 1900[3]) wurde wieder ein diesbezüglicher Antrag eingebracht von den Metallarbeitern Biel und Zürich. „In Erwägung, dass die Mitgliederzahl seit 1898 um rund 2000 Mitglieder zugenommen hat, infolge dessen die Arbeit der Sekretäre stark angewachsen und letztere zugleich dem Beruf obliegen müssen und

---

[1]) „Die Vorortssektionen wählen aus ihrer Mitte einen Zentralausschuss, bestehend aus 7 Mitgliedern und zwar 3 von den Metallarbeitern und je 2 von den Giessern und Spenglern." (Art. 11 d. St. v. 1892).

[2]) Die Notwendigkeit des Sekretariates wird wie folgt motiviert: „Im Jahre 1893 betrug die Mitgliederzahl 1102 und hat sich bis Ende 1897 auf 3116 vermehrt. Die Zahl der Korrespondenzen betrug 1895, Ein- und Ausgänge zusammen 436, bis Ende 1897 wuchs die Zahl auf 2975. Es ist den Sekretären unmöglich geworden, alles in der Freizeit zu besorgen." (Protokoll des VII. Kongress des S. M. A. V. 8. 9. IV. 1898.

[3]) Protokoll des Kongresses des S. M. A. V. 1900, S. 16.

dadurch ihre eigene Existenz gefährden, beschliesst der Kongress, um den Verband nach innen und aussen gut zu stärken und demselben noch mehr neue Mitglieder zuzuführen, es sei:

a. Auf den 1. Juli 1900 ein ständiges Sekretariat zu errichten.

b. Die daraus entstehenden Kosten sollen durch erhöhte Beiträge pro Monat und Mitglied um 5 Rp. gedeckt werden. — Das Gehalt des Sekretärs soll Fr. 2000. — im Minimum und Fr. 3000. — im Maximum pro Jahr betragen.

Diese Anträge wurden auch angenommen mit Ausnahme eines solchen, welcher verlangte, dass der Sekretär der deutschen und französischen Sprache mächtig sein müsse. — Vom Sekretariat wurden versandt im Jahre 1904: 2063 Briefe, 435 Karten, 1550 Drucksachen, 221 Pakete und 20 Telegramme; 1905: 2632 Briefe, 928 Karten, 980 Drucksachen, 470 Pakete und 53 Telegramme. Schneeberger und Huggler waren 1905 während 129 und 160 Tagen von Bern wegen Lohnbewegungen und Agitation abwesend. — Zugleich mit dem Zentralvorstand ist von den Vorortssektionen eine Rechnungsprüfungskommission von wenigstens drei Mitgliedern zu wählen.

γ. Das richterliche Organ.

Dasselbe wird gebildet durch die Beschwerdekommission und durch die Delegiertenversammlung selbst.

Die Beschwerdekommission besteht aus fünf Mitgliedern und hat alle Klagen und Beschwerden, welche ihr von Mitgliedern gegen Beschlüsse des Zentralvorstandes oder der Sektionen überwiesen werden, nach genauer Prüfung des Sachverhaltes zu erledigen. (Art. 35).

Sektionen oder Berufsgruppen, die einen Entscheid der Beschwerdekommission nicht anerkennen, ohne an die Delegiertenversammlung zu appellieren, sind aus dem Verbande auszuschliessen. Sonst ist Rekurs gegen die Entscheidungen der Kommission an die Delegiertenversammlung zulässig.

Die Beschwerdekommission wurde am Kongress in Solothurn 1898 geschaffen, als Sitz derselben wurde Lausanne ernannt. — Von Ostern 1903 bis 31. Dezember 1903 wurde die Tätigkeit der Kommission in 7 Sitzungen, resp. in 2 Fällen beansprucht. 1905 kam kein Fall vor.

§ 4.

Die Stellung des Verbandes zum schweizerischen Gewerkschaftsbund und den christlichen Gewerkschaften.

a) Die Stellung zum Gewerkschaftsbund.[1])

Nach Art. 1 der Statuten von 1892 sind die Metallarbeiter-, Giesser- und Spenglerfachvereine, aus welchen sich der S.M.A.V. zusammensetzt, Glieder des Schweizer.-Gew.-Bundes[2]).

Nach Tab. I befanden sich 1890 zirka 900 Metallarbeiter im S.Gew.B. Auf dem Kongress des S.Gew.B. zu Olten am 6. April 1890 erklärte der Verband der Metallarbeiter, nur beitreten zu können, wenn der S.Gew.B. entsprechend reorganisiert und die Beitragszahlungen kleiner geworden seien[3]).

Es kam vor, dass Gewerkschaften der Metallbranche, welche nicht dem S.M.A.V. angehörten, Aufnahme in den S.Gew.B. zu erlangen suchten. Der S.Gew.B. war in der Regel der Aufnahme solcher Vereine nicht abgeneigt, da er die Ausbildung starker Zentralverbände nicht gerne sah. Auf dem VII. Kongresse[4]) des S.M.A.V. bildeten sich verschiedene Meinungen. Die eine warnte

---

[1]) Wir kürzen Gewerkschaftsbund durch Gew. B.

Der Gew. B. setzt sich in Art. 1 seiner Stat. vom Januar 1903 zum Zweck: „Gegenüber der umfassenden und starken Organisation der Unternehmer, Industriellen und Gewerbetreibenden ist eine gleich umfassende und starke Organisation der Arbeiterklasse in der Schweiz vonnöten. Erst dadurch wird sie befähigt:

ihr Recht der Mitwirkung bei Aufstellung des Arbeitsvertrages und der Arbeitsbedingungen zu erringen und auszuüben;

ihre Lebenshaltung zu wahren und zu heben;

ihre sittlichen Güter und ihr Menschenrecht zu verteidigen und zu mehren;

am wachsenden Reichtum der Gesellschaft gebührend teilzunehmen und als selbsttätiges Glied an der Weiterentwicklung der Gesellschaft zu arbeiten.

Art. 2. Zur Erreichung dieses Zweckes soll der Allg. S. Gew. B. alle gewerkschaftlichen und beruflichen Arbeiterorganisationen der Schweiz umfassen, um durch die Mittel zweckbewusster Zentralisation, die Kraft der Verbände und Lokalvereine zu mehren und die Solidarität der ganzen Arbeiterklasse der Schweiz zu verwirklichen.

[2]) Vgl. Berghoff-Ising: Die sozialist. Arbeiterbewegung in der Schweiz, X. Kapitel.

[3]) 1896 zahlte der Verband für bezogene Quittungsmarken 5142 Fr., dazu eine Extrasteuer von 2428 Fr. an die Reservekasse; im Jahre 1900=7723 Franken 10 Cts. (Vgl. Jahresberichte pro 1896 und 1900 des S. M. A. V.).

[4]) Vgl. Protokoll des VII. Kongresses des S. M. A. V., 8. und 9. April 1898.

davor, es den Sektionen anheimzustellen, ob sie dem Verbande angehören müssten oder nicht; so würden die Sektionen, sobald es ihnen nicht mehr passe, aus dem Verband austreten, wodurch dieser ruiniert würde. Eine andere warnte vor zu grosser Zentralisation; die Mehrheit des Bundeskomitees sei für Auflösung der Zentralverbände, weshalb auch Sektionen, welche nicht dem Zentralverbande angehören, aufgenommen werden sollten.

Schliesslich wurde beschlossen, dass der S.Gew.B. keine Sektion aufnehmen könne, welche nicht dem Verbande angehöre[1]). Diese Frage wurde wieder praktisch, als ein Verband der Schmiede und Wagner, der aus 3 Gewerkschaften Biel, Chur und Zürich bestehend, mit 100 bis 120 Mitgliedern in den S.Gew.B. eintreten wollte. Nachdem das Bundeskomitee das Aufnahmegesuch abgelehnt hatte, schlossen sich die Gewerkschaften von Chur und Biel dem S.M.A.V. an[2]). 1902 auf dem Kongresse in Bern kam es nach schon erfolgten diesbezüglichen Anregungen zu einer Aussprache über den eventuellen Austritt des S.M.A.V. aus dem S.Gew.B. Bemerkenswert sind die Äusserungen Schneebergers, dass schon jahrelang daran gearbeitet worden sei, den S.Gew.B. in andere Bahnen zu lenken, grosse Berufsverbände zu schaffen und nicht alles in einen Sack zu werfen ohne jegliche Freiheit, ohne eigentliche eigene Kompetenz und Selbständigkeit. „Wir wollen uns mehr Selbständigkeit schaffen.“ Das Dreiklassensystem im S.Gew.B. habe nicht gehalten, was man von ihm erwartet hatte, auch müsse den Verbänden mit eigenen Sekretären mehr Bewegungsfreiheit gegeben werden; weiter sei bessere Ausscheidung der Kompetenzen erwünscht. Schneeberger will ein Vertragsverhältnis mit dem S.Gew.B. auf Zahlung einer Pauschalsumme, wie es der Typographenbund tut[3]). Einige fordern, dass der Verband überhaupt aus dem S.Gew.B. austreten solle (Metallarbeiter Basel und Giesser

---

[1]) Vgl. Art. 3 der Stat. des Gew. B. „Die Grundlage des Gew. B. bilden die Berufs- und Industrieverbände. Lokalvereine werden nur aufgenommen, wenn für ihren Beruf oder ihre Industrie kein Verband besteht, der dem Gew. B. angehört.“ Dazu Al. V. des Vertrages vom 12. Aug. 1902: „Das Bundeskomitee verpflichtet sich, ohne Zustimmung des Zentralvorstandes keine Gewerkschaften oder Branchenverbände in den Gew. B. aufzunehmen, die aus dem S. M. A. V. austreten oder nach ihrer Zusammensetzung und der Art der Beschäftigung ihrer Mitglieder zu denselben gehören.

[2]) Bericht des Zentralvorstandes pro 1903, S. 10.

[3]) Protokoll über den Kongress des S. M. A. V. 28. und 29. März 1902 in Bern, S. 70/71.

und Spengler Vevey), schliesslich will man aus Gründen der Solidarität doch beim Bunde bleiben und der Antrag Schneeberger wird angenommen mit 60 gegen 14 Stimmen[1]). Die Kongresse des S.M.A.V. werden immer 2 Tage vor dem Kongress des S.Gew B. am gleichen Orte abgehalten und jeder Delegierte des S.M.A.K. ist zugleich Delegierter des S.Gew.B.

b) Stellung zu den christlichen Gewerkschaften.

Da nun der S.M.A.V. ein Glied des S.Gew.B. ist, so wird er auch von neuern Fragen berührt, welche den Bund beschäftigen. Wir meinen die Neutralität des S.Gew.B. und besonders seine Stellung zu den christlichen Gewerkschaften. Wir beschränken uns darauf, einige charakteristische Äusserungen und Meinungen der Metallarbeiter besonders hinsichtlich der christlichen Gewerkschaften anzuführen. Die Aufnahme der christlichen Gewerkschaften in den S.Gew.B. wurde am 3. April 1904 in Luzern mit grosser Mehrheit abgelehnt. Natürlich musste es in der Folge zu Reibereien zwischen den freien und den christlichen Gewerkschaften kommen, besonders wenn letztere ihre Mitglieder auf schon okkupiertem Boden, auf Kosten der erstern zu gewinnen suchten.

Konflikte entstanden natürlich am leichtesten in überwiegend katholischen Gegenden. „Auch in der Schweiz (St. Gallen, Thurgau, Zürich, Luzern usw.) sind die römischen Brüder eifrig am Werk, uns den Boden abzugraben. Durch die fein ersonnenen, von Klugheit strotzenden Neutralitätserklärungen gebunden, sind nun vielerorts unsere Leute nicht imstande, den Käfern das richtige Insektenpulver auf den Weg zu streuen, sodass, wenn wir deren Treiben beständig in blöder Untätigkeit zusehen wollten, wir ihnen schliesslich das ganze, mühsam bearbeitete Gebiet überlassen müssten. Es gilt somit überall, wo Versuche gemacht werden, christliche Gewerkschaften zu gründen, womit Verwirrung in die Reihen unserer Leute gesäet werden soll, sofort auf die Schanzen zu steigen und mit aller Energie die Angriffe der Gegner abzuwehren[2]).“ Die

---

[1]) Am 14. August 1902 wurde ein für das heutige Verhältnis grundlegender Vertrag mit dem Gew. B. abgeschlossen. „Die Mitglieder des Metallarbeiterverbandes sind auch Mitglieder des Gew. B. und geniessen als solche alle Rechte mit Ausnahme der finanziellen Unterstützung aus der Bundeskasse.“ Al. IV des Vertrages.

[2]) M. Ztg. Nr. 36, 1905 anlässlich einer von den Christlichen im Emmenbaum am 20. August abgehaltenen Versammlung.

Unmöglichkeit, die Neutralität in der Tat wirklich durchzuführen, wird auch mit folgendem Satze illustriert: „Religion ist Privatsache“ hindert auch uns nicht, wo immer möglich, den Christlichen das Gebiet streitig zu machen und jedesmal, wo wir ihnen begegnen, wenn diese als Organisatoren von Gewerkschaften auftreten, sie heftig zu bekämpfen[1].“ Mögen auch diese Äusserungen etwas scharf sein und mögen andere Ansichten vielleicht versöhnlicher klingen, so lässt sich doch schwerlich behaupten, dass die organisierten Metallarbeiter den christlichen Organisierten und ihren Führern gewogen wären. Dies geht auch aus dem Streite hervor, welcher in Genf mit den sogenannten Mutualisten entstand[2].

Solange die Gewerkschaftsbewegung eine ausgesprochen sozialdemokratische ist, werden sich Kollisionen mit den Christlich-Sozialen nicht vermeiden lassen. „Wir behaupten, dass die Aufklärende Arbeit der Sozialdemokratie, obgleich in erster Linie auf die ökonomischen und politischen Fragen gerichtet, unmöglich den Glauben der Volksmassen an widersinnigste Dinge unberührt lassen kann. Sozialismus als das letzte Wort der Wissenschaft begriffen, berührt selbstverständlich das Wissen und dadurch berührt er auch unwillkürlich den Glauben[3].“

Für die Zukunft mag für den Verband wegleitend sein: „Die enragiertesten Vertreter der Neutralität behaupten, es sei am besten, wenn wir die «Christlichen» in ihrer Werbearbeit nicht stören, da sie ja doch nur Vorarbeit für uns leisten. Diese Genossen übersehen völlig den Schaden, der der Arbeiterschaft dadurch zugefügt wird, dass ein Teil der eigenen Klassengenossen sich für die Interessen des Kapitalismus auf geistigem und politischem Gebiete mobil machen lässt. (Wir haben hier vom wirtschaftlichen Gebiete ganz abgesehen, obwohl auch da, insbesondere über das Verhalten der christlichen Gewerkschaften bei Streiks, gar manches zu sagen wäre.) Dürfen wir ruhig zusehen, wie ein Teil unserer Klassengenossen als Sturmbock gegen den geistigen Fortschritt verwendet wird? Wir dürfen keine Gelegenheit vorübergehen lassen, ohne

---

[1]) a. a. O.

[2]) „Schlosser- und Metallarbeiterkrankenkassen, welche nicht der gewerkschaftlichen Organisation angehören und, auf einer soliden Basis aufgebaut, nur dem Mutualismus im Auge behalten.“ S. M. Ztg. Nr. 34, Beilage 1905.

[3]) S. M. Ztg. Nr. 39, Beilage 1905. Dr. Wassilieff, Religion und Sozialdemokratie.

unsere christlichen Brüder auf die Schädlichkeit jeder Sonderorganisation aufmerksam zu machen. Tun wir dies, dann allerdings kann nicht die Rede sein von Duldung, sondern von Kampf[1])."

§ 5.

Die Beziehungen des Verbandes zur internationalen Organisation der Metallarbeiter.

Eine internationale Organisation der Metallarbeiter wurde auf Schweizerboden, in Zürich, beschlossen anlässlich des internationalen Sozialistenkongresses, bei welcher Gelegenheit auch der 1. internationale Metallarbeiterkongress am 17. August 1893 im Hotel zum Schwanen stattfand.

Im folgenden soll nur der Anteil der Schweiz an dieser internationalen Organisation geschildert werden[2]).

Nach den Statuten von 1892 Art. 2 lit. e sind internationale Verbindungen, sei es durch Korrespondenz oder anderweitige Art anzuknüpfen und zu pflegen; nach den Statuten von 1902 Art. 2 lit. m soll die Pflege der Internationalität durch Huldigung der Freizügigkeits- und Gegenseitigkeitsprinzipien und Anschluss an das internationale Sekretariat der Metallarbeiter erfolgen.

Am Kongress in Zürich wurde die Errichtung eines internationalen Auskunftsbureaus beschlossen und demselben folgende Funktionen übertragen: „Ueber die Arbeiterbewegungen der ver-

---

[1]) S. M. Ztg. 1906, Nr. 12. Gewerkschaft und Christentum.

[2]) Zum nähern Studium der internationalen Metallarbeiterorganisation vergleiche man die Protokolle der Kongresse von Zürich 1893, London 1896, Paris 1900 und Amsterdam 1904.

Für den 1. Metallarbeiterkongress in Zürich wurde folgende Tagesordnung aufgestellt:

1. Bericht der verschiedenen Länderdelegationen.
2. Einführung eines ständigen internationalen Sekretariates.
3. Gemeinsames Vorgehen und gegenseitige Unterstützung zur Anstrebung von vorzunehmenden Arbeiterschutzgesetzen; Beschränkung der Frauen- und Kinderarbeit in den Fabriken, Verkürzung der Arbeitszeit und Einführung des Minimallohnes.
4. Abschaffung der Akkordarbeit.
5. Gegenseitige Unterstützung in Sterbefällen u. einzelner Gemassregelter.
6. Wanderunterstützung.
7. Besprechung der wichtigsten Traktanden des sozialistischen Kongresses, A. St. 12. Juli 1893.

schiedenen Länderverbände Mitteilung zu machen; hauptsächlich hat dasselbe die Aufrufe in Streikangelegenheiten zu übermitteln. Ebenso sind durch das internationale Auskunftsbureau nationale Vorlagen von Arbeiterschutzgesetzen zur Kenntnis der Arbeiterpresse und Vertrauensleute zu bringen; ebenso hat es Anfragen in gewerkschaftlicher Beziehung zu erledigen. Die Berichte werden in deutscher, französischer und englischer Sprache übersetzt und publiziert". — Der S.M.A.V. erhielt den Auftrag, das Informationsbureau zu bestellen. Durch Abstimmung unter den Sektionen wurde Winterthur gewählt und die Gewerkschaft der Giesser und Metallarbeiter hatte das Bureau zu besetzen. Die Sektionen von Zürich und Schaffhausen hatten Rechnung und Geschäftsführung des Bureaus zu prüfen.

Im 1.	Berichtsjahr	wurden	13	Sitzungen	u.	44	Geschäfte erledigt
„ 2.	„	„	10	„	„	44	„ „
„ 3.	„	„	12	„	„	70	„ „

Korrespondenzen sind beim Bureau eingegangen[1]):

Im 1. Jahr	29,	wovon 20 deutsch,	6 frz.,	3 engl.,	— dän.,	— ital.
„ 2. „	37,	„ 19 „	11 „	4 „	3 „	— „
„ 3. „	57,	„ 44 „	11 „	— „	1 „	1 „

Zum Versand gelangten:

Im 1. Jahr	60,	wovon 36 deutsch,	18 frz.,	6 engl.,	— dän.,	— ital.
„ 2. „	76,	„ 54 „	16 „	6 „	— „	— „
„ 3. „	105,	„ 83 „	20 „	— „	2 „	— „

Der Erfolg dieser internationalen Bestrebungen war also ein sehr geringer, die Vertrauensmänner[2]) einiger Länder hatten nicht

---

[1]) Generalbericht des internationalen Informationsbureau über seine Tätigkeit vom Nov. 1893—Juli 1895; am 2. internationalen Metallarbeiterkongress in London, S. 5.

[2]) Am internationalen Kongress in Zürich war für das Informationsbureau folgendes Regulativ aufgestellt worden:

1. In jedem Lande haben die Metallarbeiter einen Vertrauensmann zu wählen, welcher die internationalen Beziehungen der Berufsgenossen wahrzunehmen und zu ordnen hat.

2. Der Vertrauensmann ist verpflichtet, alle 6 Monate einen schriftlichen Bericht zu erstatten. Über Arbeiterbewegungen und namentlich über Streikfälle ist sofort Bericht an das internationale Bureau abzugeben. Die Berufsorgane sind dem internationalen Bureau unentgeltlich zuzustellen.

Zuhanden des internationalen Auskunftsbureaus und der internationalen Vertrauensmänner soll ein genaues Adressenverzeichnis der Länderorgani-

das gehalten, was man von ihnen erwartet hatte; besonders konnte man die englischen Gewerkvereine nur sehr schwer heranziehen.

Der Zürcher Kongress hatte beschlossen, dass die verschiedenen Länder vorläufig einen Vorschuss im Betrage von Fr. 50.— zu leisten hätten, im Übrigen sollten die Ausgaben proportional getragen werden. „Wir hatten grosse Mühe, um die Fr. 50.— Vorschuss und den Beitrag für die Druckkosten (Protokoll des Kongresses und Aufruf an die Metallarbeiter) von allen Ländern zusammenzubringen[1].“

Das Bureau in Winterthur hatte

	im 1 Jahr	im 2. Jahr	im 3. Jahr
Einnahmen	Fr. 559. 56	Fr. 369. 41	Fr. 53. 75
Ausgaben	„ 510. 77	„ 321. 62	„ 110. 65

Angesichts dieser Resultate sagt der Bericht:

„Sie werden aus dieser Darstellung ersehen, dass es an verschiedenen Orten bedenklich gehapert hat und Sie werden auch begreifen, dass auf diese Weise das Bureau einfach zur Untätigkeit verdammt wurde[2].“ Trotzdem man die englischen Gewerkschaften nicht hatte gewinnen können, wurde am Kongress in London (23.—25. Juli 1896) der Sitz des Informationsbureaus nach Sheffield verlegt, doch war der Erfolg auch kein bedeutender. Der Misserfolg des Informationsbureaus in der Schweiz war begründet durch die nationalen und sprachlichen Verschiedenheiten, durch die Schwäche der erst im Entstehen begriffenen Landesorganisationen.

---

sationen, der internationalen Vertrauensmänner und der Berufsorgane der verschiedenen Länder angefertigt werden.

3. Der periodische Bericht soll enthalten:
   a) Die Zahl der in dem betreffenden Lande organisierten Metallarbeiter.
   b) Die Zahl der organisierten Berufsgenossen und die Form der Organisation.
   c) Die durchschnittliche Arbeitszeit.
   d) Die Durchschnittslöhne.
   e) Den Geschäftsgang.
   f) Den Stand der gewerkschaftlichen Presse.
   g) Allfällige Bewegungen und deren Verlauf.
   h) Den Stand der Unternehmerorganisation und deren Massnahmen gegen Berufsgenossen.
4. Die Kosten für die internationalen Vertrauensmänner trägt jede Landesorganisation selbst.

[1]) a. a. O., S. 8.
[2]) a. a. O., S. 6.

Man darf vielleicht das Institut als verfrüht bezeichnen. „Allgemein wurde wohl die Errichtung eines internationalen Bureaus freudig begrüsst, bald jedoch erlahmte das Interesse, als man so wenig davon zu hören bekam. Das letztere lag aber nicht am Informationsbureau allein, sondern auch an den Schöpfern desselben, die zu damaliger Zeit alle Hände voll zu tun hatten, um im eigenen Lande ihrer Organisation den nötigen Eingang zu verschaffen. Deutschland, Oesterreich und die Schweiz hatten zu reorganisieren, England tat gar nicht mit, Amerika liess nichts von sich hören und so kam es, dass weder das internationale Informationsbureau die einzelnen Nationen noch diese das Bureau zufrieden stellten". Im Jahre 1904 wurde es nach Stuttgart verlegt und seither ist der Verkehr etwas reger geworden[1]).

In neuster Zeit (1906) erscheint eine „Internationale Metallarbeiter-Rundschau" als offizielles Organ des internationalen Metall-Arbeiterbundes, das vom Bundessekretariat redigiert und monatlich herausgegeben wird. Das Organ soll den internationalen Zusammenschluss fördern und über die Bewegungen der verschiedenen Landesorganisationen Nachricht bringen[2]).

Der S.M.A.V. steht in besonders engem Gegenseitigkeitsverhältnis zum deutschen Metallarbeiterverband, welches Verhältnis schon durch die grosse Anzahl der Deutschen, welche in der Schweiz arbeiten, bedingt ist. Der deutsche Verband zählte 1905 259,692 Mitglieder, seine Einnahmen beliefen sich auf Mk. 5,107,717; die Ausgaben auf Mk. 3,119,019. 27 (worunter Mk. 2,084,549. 02 für Streikunterstützung;) sein Organ erreichte eine Auflage von 296,100 Exemplaren.

---

[1]) Protokoll des 3. internationalen Metallarbeiterkongresses in Paris, S. 69, 21/22. IX. 1900.

[2]) Die Rundschau wird allen Genossen, die an der Spitze der Gewerkschaftsverbände in der Metallindustrie sich befinden, wie überhaupt allen Genossen, die sich intensiver mit der Bewegung beschäftigen, sehr willkommen sein, da sie eine längst empfundene Lücke ausfüllt; wir meinen die Mängel, die bis dato sich im gegenseitigen Verkehr der Verbände der verschiedenen Länder fühlbar machten. Die Verschiedenheit der Sprachen, der Mangel an Zeit, sich mit langen Übersetzungsarbeiten zu befassen und öfters noch die Unmöglichkeit, tüchtige, mit der Bewegung vertraute Übersetzer zu finden, verursachten oft, dass den Kameraden eines Landes wichtige und interessante Mitteilungen über die Bewegungen der Kollegen eines andern Landes entweder verloren gingen oder erst, wenn sie nicht mehr aktuelle waren, bekannt wurden. Für die Arbeiterverbände in der Metallindustrie wird diesem Übel in Zukunft abgeholfen. S. M. Ztg. Nr. 3 1906, 20. I.

§ 6.

Die Stellung des Verbandes zur Sozialdemokratie und zum Anarchismus.

Die Gewerkschaften in der Schweiz betonten von Anfang an die sozialdemokratischen Prinzipien; die Ausländer machten lebhaft für die Idee des Klassenkampfes Propaganda, oft mit krasser Unkenntnis der politischen und ökonomischen Verhältnisse der Schweiz. Unsere einheimischen Arbeiter, die stolz auf ihre Freiheitsrechte waren und sich stets noch als Schweizerbürger fühlten, liessen sich nur schwer für die Gewerkvereine gewinnen, konnten sie doch im Grütliverein Anschluss an schweizerisch denkende Kollegen finden. Der S.M.A.V. bekannte sich sofort bei seiner Gründung zur Sozialdemokratie. (Vergl. Kap. 1 § 1 und Art. 1 und 2, lit. m. der Stat. von 1892[1]). Von den vierteljährlichen Beiträgen fielen 5 Cts. pro Mitglied der sozialdemokratischen Parteileitung zu (Art. 7).

Auf dem Zürcher Sozialisten-Kongress hoffte man sehr viel für die Förderung der Sozialdemokratie von der Ausbreitung der Gewerkschaften[2]).

„Den Kampf der Arbeiterklasse auf wirtschaftlichem Gebiet einheitlich und wirkungsvoll gestalten kann nur die Arbeiterorganisation. Pflicht aller klassenbewussten Arbeiter ist es, sich ihren respektiven Organisationen anzuschliessen. Pflicht der politischen Arbeiterpartei und der Arbeiterpresse ist es, die Organisation der Arbeiter auf gewerkschaftlichem Boden mit aller Energie zu fördern. Die Gewerkschaften sind berufen, die Pfeiler der künftigen Organisation der Gesellschaft zu bilden und ist deren Ausbau deshalb neben der Erringung der politischen Macht der Arbeiterklasse eine absolute Notwendigkeit.“

Auf der andern Seite kam § 2 des Statutenentwurfes[3]) der neuen sozialdemokratischen Partei diesen Bestrebungen entgegen: „Die Gesamtpartei und die ihr angehörenden Organisationen machen

---

[1]) „Die Fachvereine sind als solche Glieder der sozialdemokratischen Organisation, soweit es die Schweizer betrifft“ *lit m.* selbständiges sozialdemokrat. Vorgehen im Politischen, sei es in Verfassungsfragen, Referendum, Initiative, Gemeinde-, Kant.- oder eidg. Wahlen und Abstimmungen. 1897 wurde anlässlich einer Stat. Revision in Al. m. das selbständige soz. Vorgehen durch „gemeinschaftl. Vorgehen mit der sozialdemokratischen Partei“ ersetzt.

[2]) Protokoll des internat. Sozialisten-Kongresses von Zürich 1893.

[3]) Vergl. den Artikel: Partei und Gewerkschaftsorganisation. A. St. 21. Sept. 1901.

sich ferner zur Pflicht, die Organisationen und Bestrebungen einer einheitlichen gewerkschaftlichen Arbeiterbewegung in der Schweiz zu fördern, in der Voraussetzung, dass die Organe der Gewerkschaftsbewegung ihrerseits die Pflicht zur Förderung der einheitlichen politischen Arbeiterbewegung anerkennen und betätigen."

Bekanntlich waren die Erfolge der organisierten Arbeiter Ende der Neunziger-Jahre nicht gross, zugleich trat schärfer die Agitation der Christlich-Sozialen auf. Mehr taktischen Gründen wird es zuzuschreiben sein, dass am Winterthurer Kongress 1900 der S.M.A.V. beantragte und beschloss, das sozialdemokratische Parteibekenntnis aus den Statuten zu entfernen[1]).

Heute haben aber sozialdemokratische Prinzipien trotzdem im hohen Masse innerhalb des Verbandes Geltung[2]).

„Nur noch wenige Stunden trennen uns vom 1. Mai, von dem Tage, an welchem seit 16 Jahren in Europa die Arbeiterschaft feiert, um gegen die Übelstände eines Gesellschaftregimes, deren Opfer sie ist, öffentlich und in Massen zu protestieren, um durch grandiose Manifestationen, wie sie heute überall stattfinden, der ganzen bürgerlichen Welt zu zeigen, dass die klassenbewussten Arbeiter gewillt sind, mit einem Ausbeutungssystem aufzuräumen, das sie unterdrückt, indem es sie zwingt, alle ihre Kräfte und ihre Freiheit einem Produktionswerke zu opfern, das ihnen nichts nützt, da man trotz all den angehäuften Reichtümern den Arbeitern das wenige, das sie zur Befriedigung ihrer Bedürfnisse brauchen, fast überall verweigert."

Bedenklicher als diese sozialistischen Theorien sind die revolutionär-anarchistischen Strömungen, welche zur „direkten Aktion" und zur Dienstverweigerung bei Truppenaufgebot in Streikfällen auffordern. Auf die „direkte Aktion" kommen wir unten noch zu sprechen. Die „direkte Aktion" und die Dienstverweigerung haben ihren Ausgang in der Westschweiz genommen. Zur ersten offiziellen Aussprache über den Militarismus kam es auf dem Metallarbeiterkongress in Luzern 1904. Schon vorher wurde die Sache in der Sektion Zürich behandelt und diese trat mit diesbezüglichen Anträgen am Kongresse auf[3]):

---

[1]) Vergl. Protokoll des S M. A. Kongresses v. 13.—14. April 1900. S. 29/30.

[2]) S. M. Ztg. No. 17, 1905.

[3]) „Unsere Stellungnahme zum diesjährigen Verbandstage. S. M. Ztg. No. 16. 1904.

1. „In Erwägung, dass die Unternehmer im Militär ihre mächtigste Stütze finden im Bestreben, das kämpfende Proletariat darnieder zu halten, beschliesst der Kongress: Gegen den Militarismus ist eine energische Agitation einzuleiten.

2. Mitglieder des S.M.A.V., die bei Streiks und Arbeiterunruhen einem allfälligen Militäraufgebot nicht Folge leisten, sollen bei eventueller Bestrafung die gleiche Unterstützung geniessen, wie Arbeitslose. Dieser Antrag wurde sehr reiflich erwogen, gestellt und begründet von einem jungen Schweizermilizen. Verkennen wir nicht den hohen moralischen Wert, welcher durch die Annahme desselben dem Verbande zufliesst; diesen Moloch Militarismus, der überall die Staatsschulden verursacht und welcher uns Arbeitern die grösste Unmoralität (auf seine Verwandten und Kollegen zu schiessen) zumutet, soll durch unsern Antrag ein energisches: „Halt, bis hierher und nicht weiter" zugerufen werden. Rechnen wir es uns als Metallarbeiter zur Ehre an, die ersten zu sein von den schweizerischen Arbeiterorganisationen, welche dem Feinde aller Kultur ein Halt entgegenrufen."

Mit 56 gegen 18 Stimmen wurden die Zürcher Anträge am Kongress verworfen, nicht weil man prinzipiell nicht einverstanden war, sondern mehr aus Opportunitätsrücksichten[1]).

Im weitern sind die Sektionen eingeladen worden, die Frage zu prüfen, ob nicht in den Gewerkschaften mit der antimilitaristischen Agitation zu beginnen sei; ob nicht die schweiz. Arbeiterschaft aufgefordert werden solle, an den freiwilligen Schiessübungen bis auf weiteres nicht mehr teilzunehmen[2]).

Wir können hier nicht auf die 1905 gegründete antimilitaristische Liga eintreten, welche auch die Gewerkschaften für sich zu gewinnen sucht. Zu bedauern ist nur, dass die Liebe zu seinem

---

[1]) „Die Ablehnung des Zürcher Antrages erfolgte lediglich aus dem Grunde, weil es nicht Sache einer Gewerkschaftsorganisation sein kann, sich in politische Aktionen zu stürzen, unser Verband insbesondere alle Kräfte anzustrengen hat zur Gewinnung neuer Mitglieder."

„Der Verbandskongress", S. M. Ztg. No. 8., 1904. „Ich bin nicht für Annahme des Antrages, da die Kriegsgerichte immer schärfer werden. Wir könnten die Kasse der Organisation dadurch treffen." Protokoll S. 103.

[2]) Vergl. S. M. Ztg. No. 23., 1904. Wie man sich diesen passiven Widerstand denkt, möge folgende Stelle zeigen: „Keinen Schuss mehr freiwillig aus seiner Büchse zu schiessen, keine Handbewegung mehr freiwillig für die Kriegsbereitschaft zu tun, dies soll die Parole eines jeden Arbeiters sein." a. a. O.

Vaterland, dass das Pflichtgefühl für Gesetz und Recht einzustehen, von dieser anarchistisch-revolutionären Richtung mit allen Mitteln bei den leichtgläubigen Genossen heruntergemacht wird!

So leicht wie sich die Antimilitaristen die Sache vorstellen, wird mancher Arbeiter, der noch schweizerisch denken und fühlen kann, ihnen nicht Folge leisten. Darum lesen wir auch die Klage: „Tausende organisierte Arbeiter hangen noch mit grosser Freude an unserm Militärwesen und nehmen an den zahlreichen Schiessübungen sowie an den kleinern und grössern Schützenfesten das ganze Jahr hindurch teil; hunderte von Genossen sitzen in Vorständen von Schiessvereinen und spielen dort oft eine grössere Rolle als in den gewerkschaftlichen und politischen Organisationen selbst.“ (S.M.Ztg. Nr. 23, 1904). Und erst die Unorganisierten?

Auch werden Dienstverweigerungen aus Gewissenssache verherrlicht. Vergl. S.M.Ztg. Nr. 14, 1904, anlässlich eines solchen Falles. „Die Gewerkschaft der Mechaniker Chaux-de-Fonds konnte seiner mutigen Tat nur beistimmen; möge sie denen, die sich des schönen Namens „organisierte Arbeiter“ bedienen, ein Vorbild sein!“

Mit vollem Recht hält Alt-Bundesrichter Leo Weber[1]) solchen Ansichten entgegen: „Der Rechtsstaat, der jetzt noch besteht, kann der sozialistischen Zumutung, von der Verwendung des Militärs bei Streikbewegungen vorbehaltlos Umgang zu nehmen, so lange nicht Folge geben, als die Streiks nicht in Rechtsformen durchgeführt werden, es gegenteils mehr und mehr zur Gewohnheit wird, mit Hinwegräumung aller Hindernisse, die Recht und Gesetz der Bewegung entgegen stellen, einer entfesselten elementaren Naturgewalt vergleichbar zum Ziel vorzudringen. Solchen Rechtsansprüchen (kein Militäraufgebot bei einem Streik) kann eine Regierungsbehörde, die nicht abdanken, ein Staat, der sich nicht auflösen will, nicht nachgeben. Wohl ist es nicht ein erhebendes Schauspiel, unsere Milizen Polizeidienste leisten zu sehen. Aber hundertmal abstossender und widerwärtiger ist der Anblick, den Arbeiter bieten, die sich auf arbeitende Berufsgenossen stürzen und diese mit Drohungen, Beschimpfungen und Gewalttätigkeiten von der Arbeit wegzubringen suchen.“

---

[1]) Recht und Unrecht bei Arbeiterausständen. Ein Gutachten von Leo Weber. Schweizerische Zeitschrift für Strafrecht XVIII., 4. Heft S. 288.

III. Kapitel.

Die Wirksamkeit des Verbandes.

§ 1.

Allgemeine Agitation und Presse.

Ein Arbeiterverband, welcher eine gewisse Bedeutung zu erringen versucht, muss für seine Ideale und für seine Forderungen die lebhafteste Propoganda entwickeln, denn nur so kann er die vielen Schwierigkeiten, welche sich seinen organisatorischen Plänen entgegenstellen, überwinden. Es gilt, die Indifferenten, diejenigen, welche aus ökonomischen oder politischen Gründen von der Organisation nichts wissen wollen, durch möglichste Klarlegung der Erfolge und Ansprüche zu überzeugen und als Mitglieder zu gewinnen.

Die Agitation kann erfolgen von Mann zu Mann, oder in Werkstätteversammlungen[1]) und in Versammlungen aller Metallarbeiter einer Ortschaft; 1904 wurden 140 und 1905 419 Agitationsversammlungen abgehalten. Für die Agitation in den Werkstätten wird den Agitatoren Verträglichkeit und vorbildliches Benehmen gegen die Mitarbeiter, für die Agitation in den Versammlungen möglichst die Berücksichtigung der Eigenart der herrschenden Anschauungen der Arbeiterschaft, wie sie durch lokale etc. Verhältnisse bedingt wird, empfohlen.

Der Zentralvorstand und die Sekretäre haben der Agitation ihre besondere Aufmerksamkeit zu schenken und dieselbe durch Delegationen für Referate und durch Abfassung von Flugschriften etc. zu besorgen. Im Jahre 1902 veranstaltete der Zentralvorstand 16 Agitationsversammlungen; der Sekretär referierte an 35; er führte auch 45 Delegationen aus, worunter viele mehrtägige und

---

[1]) Dieser Modus wird für grössere Betriebe empfohlen. Die Sektion Örlikon habe gute Erfolge gehabt. S. M. Ztg. No. 14, 1905.

war 71 Tage von Bern weg[1]). 1903 wurde eine Flugschrift in einer Auflage von 15,000 Stück in deutscher Sprache und 5000 Stück in französischer Sprache herausgegeben; im gleichen Jahre vermittelte der Zentralvorstand zu 47 Agitationsversammlungen Referenten; der Sekretär führte 42 Delegationen aus[2]).

Die Sektion Zürich war es, die auch für eine intensivere Agitation eintrat. „In Erwägung, dass durch die kapitalistische Entwicklung die Klassengegensätze immer schärfere Formen annehmen, die Lebenshaltung der Arbeiter immer tiefer herabgedrückt wird, Arbeitslosigkeit und Lohnreduktion auf der einen, Überzeitarbeit und intensivste Ausbeutung des Arbeiters auf der andern Seite, während die besitzende Klasse ihre Reichtümer ins Ungemessene steigert und ihre Machtstellung immer rücksichtsloser ausnützt, durch Kartelle und Trust ihren Höhepunkt zu erreichen sucht, welcher es ihr erlaubt, das arbeitende Volk zu beherrschen und in ihrer Abhängigkeit zu erhalten, beschliesst die Versammlung:

1. Von dem Grundsatze ausgehend, dass wir unsere ökonomische Lage durch eine geschulte Zentralorganisation verbessern können, eine intensive Agitation zur Gewinnung neuer Mitglieder zu entfalten.

2. Zu diesem Zwecke ist von jeder Branche (Bauschlosser, Gas-, Wasser- und Beleuchtungsinstallateure etc., Mechaniker, Maschinenschlosser etc.) eine Agitationskommission zu wählen.

3. Um die Agitation zu beschleunigen, hat jede Kommission auf die nächste Versammlung ein Manuskript zu einem Flugblatt auszuarbeiten, welches dann auf Kosten des Verbandes gedruckt und in den betreffenden Werkstätten an die Arbeiter verteilt wird.

4. Als den besten Erfolg versprechend, empfiehlt sich vor allem die persönliche Agitation von Mann zu Mann.

5. Die gewählten Agitationskommissionen haben an den Gewerkschaftsversammlungen periodisch Bericht zu erstatten."

Am Kongress in Luzern 1904 bringt die Sektion Arbon folgenden Antrag ein[3]):

„Das Tätigkeitsgebiet des S.M.A.V. ist in folgende 9 Agitations- und Organisationsbezirke einzuteilen:

[1]) Vergl. Berichte des Zentralvorstandes pro 1902 u. 1903. S. 14 ff. u. S. 9.
[2]) „Auf zur Agitation". S. M. Ztg., 14. III. 1903.
[3]) Protokoll S. 96.

	Kantone	Komiteesitz in
I.	Genf, Waadt, Wallis, Freiburg	Lausanne
II.	Neuenburg, Berner Jura	Biel
III.	Bern	Bern
IV.	Tessin	Bellinzona
V.	Basel, Solothurn, Aargau	Basel
VI.	Zürich, Zug	Zürich
VII.	Luzern, Unterwalden, Schwyz, Uri,	Luzern
VIII.	Appenzell, St. Gallen, Glarus, Graubünden	St. Gallen
IX.	Thurgau, Schaffhausen	Frauenfeld o. Arbon

Die Agitationskommissionen für die diesbezüglichen Bezirke hätten das zugeteilte Arbeitsfeld auf Wunsch von Sektionen und aus eigener Initiative gründlich zu bearbeiten.“ Diese Anregung war aber praktisch noch undurchführbar, weil ja der Verband in einzelnen Kreisen noch viel zu wenig Mitglieder hatte, als dass solche Kommissionen gebildet werden könnten. Immerhin blieb es grössern Sektionen unbenommen, in ihrem Gebiete solche Kommissionen zu bestellen[1]).

Durch die Anstellung des zweiten Verbandsbeamten speziell für die Westschweiz konnte auch dort die Agitation intensiver gepflegt werden[2]). Auch in der Ostschweiz gehen Ansichten dahin, dass ein eigenes Sekretariat für Agitation einzurichten sei[3]). Am Kongress 1906 wurde in diesem Sinne entschieden.

[1]) So besteht seit 7. Dez. 1904 eine Agitationskommission des ersten Kreises, welcher entgegen dem Antrage Arbons die Kantone Aargau, Luzern, Schaffhausen, Zug, Zürich und die Stadt Rapperswil umfasst. Sie hielt im Winter 1904/05 12 Sitzungen und arrangierte 22 Versammlungen; 3 neue Sektionen wurden gebildet, andere verstärkt. S. M. Ztg No. 14, 1905. Sitz der Kommission ist Zürich. Weitere Agitationskommissionen wurden in St. Gallen für die Kantone St. Gallen, Thurgau, Appenzell und Graubünden und in Bern für den Kanton Bern, Solothurn und Freiburg gegründet. Die Zürcher Kommission richtete 1905 eine Referentenschule ein, welche aber wieder einging.

[2]) „Wir in der welschen Schweiz haben ein furchtbar schweres Gebiet zu bearbeiten. Die romanischen Arbeiter sind schwer für die Zentralisation zu gewinnen, weil sie sich viel freier fühlen wollen“. Ausspruch des 2. Sekretärs am Kongress in Luzern. Protokoll S. 25.

[3]) „Eine lebhafte Debatte entspinnt sich bei der Frage der Errichtung eines Sekretariats zur Besorgung der Agitation in der Ostschweiz. Während eine Anzahl von Delegierten den orthodox-verneinenden Standpunkt einnehmen, den sie übrigens gegen jeden Gewerkschaftsbeamten einzunehmen pflegen, begründeten die andern Delegierten die absolute Notwendigkeit einer intensiven Agitation, die in den Maschinenindustriezentren betrieben werden müsse. Dazu ist aber ein Mann notwendig, dem die nötige Zeit zur Verfügung steht“. S. M. Ztg. No. 41, 1905.

Neben der Agitation in Versammlungen und durch Flugschriften bildet ein gewerkschaftliches Organ das beste Mittel. Seit der Gründung bediente sich der Verband als Publikationsmittel der „Arbeiterstimme“ und des „Le Grütli“. Solange der Verband noch klein und über eine wenig zuverlässige Mitgliederzahl verfügte, konnte er ja nicht daran denken, ein eigenes Organ herauszugeben. Übrigens genügte damals noch die Arbeiterstimme seinen Bedürfnissen. Durch ein nicht übereiltes Vorgehen bewahrte sich der Verband vor Enttäuschungen, wie sie der Verband der Holzarbeiter erfuhr, der 1890 eine eigene Zeitung herausgab, dieselbe aber nach 2 Jahren wieder eingehen lassen musste[1]). Der Gewerkschaftsbund suchte stets von der Gründung eines Metallarbeiter-Organes abzuhalten, als sich mit dem Wachsen der Metallarbeiter-Organisation Stimmen erhoben, welche auf die stets grösser werdende Unzulänglichkeit der „Arbeiterstimme“ hinwiesen, um den Verkehr des Zentralvorstandes mit den Sektionen, die Agitation in gebührendem Masse zu pflegen[2]).

Aber trotz der Ansicht des Gew.B. mehrten sich stets die Stimmen, welche eine Metallarbeiterzeitung wünschten und von einem Obligatorium der A.St. nichts wissen wollten. Am Kongresse 1900 wird im Prinzip eine eigene Zeitung beschlossen, deren Herausgabe aber noch wegen finanzieller Schwierigkeiten verschoben. 1902 erscheinen zum erstenmale Probenummern des zukünftigen Organs[3])

---

[1]) Die „Arbeiterstimme“ schrieb nach Auflösung des „Holzarbeiters“: Wenn jeder dieser Verbände (gemeint sind die diversen Berufsverbände) ein eigenes halbmonatliches Organ hätte, so würden alle zusammen noch nicht soviel wirken können, wie die Arbeiterstimme mit ihrem wöchentlich zweimaligen Erscheinen, ihrer bedeutenden Auflage und ihrer Gefürchtetheit“. (A. St. 17. IX., 1892).

[2]) „Ein rein gewerkschaftliches Blatt dürfte sich, soll es diese Eigenschaft bewahren, nur mit Fragen des Arbeitsverhältnisses (Dienstvertrages) und den ihnen geltenden Bestrebungen der Arbeiter, wie Lohnbewegungen, Streiks, Sperren u. s. w. sowie daneben etwa noch mit gewerkschaftlicher Statistik, Organisationsfragen und dergl. befassen. Die Verbesserung der Lage der Arbeit fiele nur insoweit in seinen Wirkungskreis, als sie auf privatem Wege zu erreichen ist. Sobald das Blatt aber auch auf das Gebiet der öffentlichen Gesetzgebung in Gemeinde, Kantonen oder Bund übergreifen wollte, geriete es ob gern oder ungern auf politischen Boden“. A. St. 4. XII. 1897.

[3]) In der ersten Probenummer wird der Zweck des Organs festgestellt: „Es wird erstens die Mitglieder, wie jedes gewerkschaftliche Blatt das tun muss, über die Prinzipien der Gewerkschaftsbewegung aufklären, alle Mitteilungen der Sektionsvorstände bringen, alle Vorgänge in Werkstätten aufdecken, es wird über die in- und ausländische Gewerkschaftsbewegung, namentlich über die Vorgänge in den ausländischen Bruderverbänden unterrichten, den Stand des Arbeitsmarktes mitteilen, wichtige technische Neuerungen und Entdeckungen bringen.“ S. M. Ztg. 18. Jan. 1902.

und der Kongress spricht sich nun entschieden für dessen Erscheinen aus. Man hofft, dass das Organ das beste Bindemittel unter den Mitgliedern, und sehr viel zur Ausbreitung und Propaganda der Organisation beitragen werde. „Wer regelmässig über alle Vorgänge im Gewerkschaftsleben unterrichtet wird, mit seinen Verbandskollegen in beständigem Kontakt steht, der wird auch mehr Interesse zeigen für die ganze Bewegung, er wird so viel leichter und viel eher dazu befähigt, die Ideen zu propagieren, für welche die Organisation kämpft." S.M.Ztg., Nr. 1, 1902.

Die Metallarbeiterzeitung begann am 1. August 1902 ihr regelmässiges Erscheinen. Die Redaktion wurde dem Sekretariate (O. Schneeberger) übertragen[1]). Alle wichtigen Artikel, und die offiziellen Publikationen erscheinen in deutscher und französischer, später auch noch in italienischer Sprache. Die Erscheinungsweise des Blattes war anfangs eine monatliche, später vierzehntägige und seit August 1904 eine achttägige. Im Jahre 1904 erreichte das Blatt eine Auflage von 5—6000 Stück, am 26. August 1905 betrug sie 11,000; am 6. Januar 1906 14,000 und am 10. Februar 1906 15,000 Stück. Der Abonnementspreis betrug zuerst Fr. 3., später Fr. 5 im Jahre. Bereits am Kongress in Luzern machten sich Stimmen geltend, welche eine Vergrösserung des Organs und eine bessere Berücksichtigung der französischen Schweiz forderten; in der Folge mehrten sich die französischen Korrespondenzen stark. Zugleich wurde beschlossen, vierteljährlich eine Propaganda- und Agitationsnummer erscheinen zu lassen, wobei die Sektionen dafür zu sorgen hätten, dass womöglich alle Metallarbeiter die Zeitung erhielten. Auch heute zirkulieren verschiedene Wünsche in betreff der Zeitung; so soll diese in ein deutsches und ein französisches Blatt getrennt werden.

§ 2.

Die Bestrebungen bei Festsetzung der Arbeitsbedingungen.

a) Hinsichtlich der Arbeitszeit.

In Art. 2 lit. f. der Statuten von 1892 hat sich der Verband

---

[1]) Dieser schrieb bei der Übernahme der Redaktion: „Wir haben in Zukunft in all unsern Bestrebungen eine gute und kräftige Waffe, die wir allzulange entbehrt haben, die S. M. Ztg." Für Organisationen von dem Umfange wie die unsere, ist ein eigenes Organ, das von jedem Mitglied gelesen wird, nicht nur eine Frage der Zweckmässigkeit, sondern eine Existenzfrage".

die Festsetzung einer einheitlichen Normalarbeitszeit von 8 Stunden zum Ziele gesetzt. Schon im Jahre 1890 suchten die Gewerkschaften der Metallarbeiter in Zürich und Örlikon, der Giesser, Schlosser und Spengler, Schmiede und Wagner, die Grütli- und Arbeitervereine von Zürich eine Bewegung für die zehnstündige Arbeitszeit einzuleiten, indem sie an die Prinzipale der Metallindustrie von Zürich und Umgebung ein Gesuch stellten, „dass baldigst der zehnstündige Arbeitstag eingeführt und gleich bezahlt werden möchte, wie der elfstündige."

Der Verein Schweizer. Maschinenindustrieller befasste sich mit dieser Angelegenheit und zeigte sich im Prinzip einverstanden, den Arbeitern entgegenzukommen, soweit ihnen dies in Rücksicht auf seine Konkurrenzfähigkeit gegenüber dem Ausland möglich wäre [1]). Seit Neujahr 1891 wurde in den meisten Maschinenfabriken der zehnstündige Arbeitstag eingeführt; die Lokomotivfabrik Winterthur hatte mit Rücksicht auf eine Anzahl sehr pressanter Bestellungen

---

[1]) Der Verein fasste am 6. August 1890 folgende Resolution:

„Die Generalversammlung des Vereins schweiz. Maschinenindustrieller, ohne Kompetenz für sich in Anspruch zu nehmen, den einzelnen Mitgliedern hierüber Vorschrift zu machen, erklärt sich prinzipiell einverstanden, mit der Einführung des Zehnstundentages (60 Stunden effektive Arbeitszeit per Woche) in der schweizerischen Metallindustrie, unter folgenden Bedingungen:

I. Die interessierte Arbeiterschaft soll sich ehrlich bestreben, soweit an ihr liegt, in der reduzierten Arbeitszeit das gleiche zu leisten, wie in der bisherigen.

II. Die interessierte Arbeiterschaft soll Hand bieten zu einer Revision der Art. 11. 14 des Fabrikgesetzes, im Sinne einer den Bedürfnissen der Metall-Industrie entsprechenden präzisen und gerechten Fassung.

III. Die interessierte Arbeiterschaft soll dafür Gewähr bieten, dass aus diesem Entgegenkommen kein Kapital zu Gunsten eines gesetzlichen zehnstündigen Normalarbeitstages geschlagen werde. Es sollen die grossen Verschiedenheiten der Industrien und die Unmöglichkeit, dieselben nach einer Schablone zu behandeln, anerkannt und auf die Forderung des zehnstündigen Normalarbeitstages für die gesamte schweizerische Industrie verzichtet werden.

IV. Der Zeitpunkt der Einführung des Zehnstundentages der Metallindustrie wird von der Erfüllung dieser Bedingungen abhängig gemacht, kann aber keinesfalls vor Anfang Januar 1891 fallen, damit die Industriellen Gelegenheit haben, sich in allen Richtungen auf die Änderung vorzubereiten. (Vgl. Jahresbericht des Vereins Schweiz. Maschinenindustrieller 1892).

im Einverständnis mit den Arbeitern den elfstündigen Arbeitstag vorläufig noch beibehalten, dafür aber eine allgemeine Aufbesserung der Lohnbezüge eintreten lassen [1]).

Im Jahre 1893, am Kongress in Biel, fasste der S. M. A. V. folgende Resolution: „In Erwägung, dass die gegenwärtige Arbeitszeit, sowie die Überzeitarbeit dezimierend auf die Arbeiter der Maschinenindustrie einwirkt und ein stetes Sinken der Löhne bewirkt, beschliesst die heutige Versammlung, den Zentralvorstand zu benachrichtigen, derselbe möge mit dem Verein der Maschinenindustriellen in Verbindung treten und bei demselben dahin wirken, dass die Arbeit am Samstag Nachmittag eingestellt würde, ebenso soll der Zentralvorstand mit allen Mitteln darauf hinwirken, dass der Zehnstundentag für alle Industrien Gesetzeskraft erlange."

In der Folge wurde stets lebhaft für Arbeitsverkürzung agitiert, doch in der Grossindustrie ohne sonderlichen Erfolg [2]). Den freien Samstag Nachmittag führten die Maschinen-Industriellen im Frühjahr 1906 aus freien Stücken ein. Am Kongress in Basel wurde er als ein Erfolg der Organisation hingestellt; doch dürfte dies in Anbetracht der geringen Stärke, welche die Organisation im Verhältnis zu den Nichtorganisierten in der Grossindustrie bis jetzt noch einnimmt, schwerlich anzunehmen sein.

„Es wird zu wenig auf Verminderung der Arbeitszeit gesehen. Der eigentliche Zweck der Arbeitsverkürzung heisst Regelung der Produktion, Verhütung der Überproduktion. Will die Arbeitszeitverkürzung diesen Zweck erfüllen, so muss sie eine Verminderung der Gesamtleistung des einzelnen Arbeiters nicht nur, sondern der Gesamtheit der Beschäftigten bewirken. Das heisst: eine sich ergebende Verminderung der Leistung des einzelnen darf nicht durch die Erhöhung der Leistung anderer ausgeglichen werden."

---

[1]) Vgl. Bericht über Handel und Industrie im Kanton Zürich 1890.

[2]) „In der Grossindustrie ist der Zehnstundentag allgemein, wird aber durch die Überzeitbewilligungen vielfach illusorisch. Von den berichtenden Sektionen haben die Mitglieder folgende Arbeitszeit:

Von 1 Sektion 9 Stunden; 63 Sektionen 10 Std.; von 1 Sektion 10 ¼ Std.; von 2 Sektionen 10 ½ Std.; von 9 Sektionen teilweise 10—11 Std.; von 3 Sektionen 10—11 ½ Std.; von 1 Sektion 12 Std.; 11 % oder 448 Mann arbeiten länger als 10 Stunden. (Bericht des Zentralvorstandes pro 1901, S. 29)."

Die achtstündige Arbeitszeit müsste heute eingeführt werden, wenn die Entwicklung der Produktion den Masstab für die Arbeitszeit bilden würde, einen andern vernünftigen Masstab gibt es nicht.“ (S.M.Ztg. 1905.)

Bekanntlich soll die sogenannte „Direkte Aktion“ zum Achtstundentage führen. Es handelt sich darum, vom 1. Mai 1906 an die tägliche Arbeit bloss acht Stunden zu verrichten und nach Ablauf dieser Zeit ist die Arbeit ruhig niederzulegen um sie wieder am nächsten Tage frühmorgens aufzunehmen [1]. Wir kommen später noch auf diese Bewegung zu sprechen.

Natürlich machen sich auch die Wünsche des Verbandes geltend inbezug auf die künftige Revision des Fabrikgesetzes. Der Verband will für den gesetzlichen Zehnstundentag einstehen [2]. Was die Überzeit anbelangt, so soll diese theoretisch gänzlich abgeschafft werden; wenn das nicht möglich sein sollte, so sollen ihr die verderblichen Tendenzen genommen werden durch strenge Bestimmungen und Festsetzung eines Maximums der Zeit, die täglich als Überzeit gearbeitet werden könnte. Dieses Maximum auf das ganze Jahr eingeteilt, muss der Verband entschieden ablehnen, da es nicht kontrollierbar sei [3].

Was das Gewerbe anbetrifft, so sucht der Verband in neuester Zeit die Arbeitzeit durch kollektiven Arbeitsvertrag zu vereinbaren. Auf dem Lande ist die Arbeitszeit in der Regel eine längere als in der Stadt, wo auch der Zehnstundentag in der Regel gilt, den man allerdings an einigen Orten auf 9½ Stunden reduzieren konnte.

Wir fügen eine Zusammenstellung über die abgeschlossenen Tarifverträge unten bei, aus welcher auch die Arbeitszeit etc. ersichtlich ist.

---

[1] S. M. Ztg. Nr. 31, 1905.

[2] „Wir streben zwar den Achtstundentag an, wir haben sogar dafür einen Weltfeiertag, den 1. Mai. Aber in einem Sprung kann man nicht von 11 Stunden auf 8 Stunden übergehen, sondern erst allmählich muss der Weg zurückgelegt werden!“ Aus einem Referate Dr. Studers in der Metallarbeitergewerkschaft Winterthur. S. M. Ztg. Nr. 18, 1905.

[3] Bericht des Zentralvorstandes 1903, S. 13.

Ein Antrag der Giesser von Zürich, dass durch den Zentralvorstand alle ernste Propaganda entfaltet werde, um in nächster Zeit im schweizerischen Giessergewerbe den Neunstundentag und einen Minimallohn von 65 Cts. und einen Akkordzuschlag von 20 % zu erringen, wurde als noch nicht opportun am Kongress 1906 verschoben, desgleichen ein Antrag, mit dem Verband Schweizer. Maschinenindustrieller wegen Einführung der 9stündigen Arbeitszeit in Unterhandlung zu treten.

Nach einer Zusammenstellung von W. Krebs (XIX. Jahresbericht des Schweizerischen Gewerbevereins) betrug die Arbeitszeit 1898 für:

	Stadt		Land
Wagner	11	Std.	nach Bedarf
Schmiede und Hufschmiede	10—11	Std.	„ „
Schlosser	10	Std.	10 ½—12
Spengler	10	Std.	11—12
Installateure	10	Std.	—
Kupferschmiede	10	Std.	10—12
Feilenhauer	11	Std.	10—12
Monteure	10	Std.	—

b) Hinsichtlich des Arbeitslohnes.

Eine gut organisierte Gewerkschaft sucht sowohl den Lohn in Zeiten der Krisis auf der gleichen Höhe zu halten und bei gutem Geschäftsgang für eine angemessene Lohnerhöhung einzutreten. „Die Festsetzung des Lohnes ist, wie wir sahen, eine Machtfrage zwischen Arbeitern und Arbeitgebern und dementsprechend müssen auch alle zwischen beiden abgeschlossenen Verträge, wie die Verträge zwischen 2 Mächten aufgefasst werden. Solche Verträge sind aber nie etwas anderes als die Kristallisation des in einem gegebenen Augenblicke zwischen den Kontrahenten bestehenden Machtverhältnisses und sind demnach nur solange wahr und durchführbar, als die tatsächlichen Verhältnisse der Zeit des Vertragsabschlusses fortbestehen [1].“ Je mehr der S.M.A.V. erstarkte, desto eher konnte er daran denken,

[1] L Brentano: Die Arbeitergilden der Gegenwart, B. 2, S. 215.

einheitliche Lohnforderungen der Arbeiter einer gewissen Branche an einem bestimmten Orte durchzuführen. Schon nach den Statuten von 1892 [1]) setzt er sich die Erlangung eines Minimalstundenlohnes zum Ziele. Die Verwirklichung dieses Postulates konnte aber nur unter steten Kämpfen im Handwerke bis heute teilweise errungen werden. Die Unternehmer setzten dem Minimallohne mit gewisser Berechtigung grossen Widerstand entgegen, fürchteten sie doch, dass auch minderwertige Arbeiter so einen Lohn erhalten könnten, den sie in Wirklichkeit nicht verdienen würden [2]). Sonst dürfte man einem Minimallohn, der für eine auskömmliche Lebenshaltung des Arbeiters eine gewisse Garantie bieten kann, nicht so unsympathisch gegenüberstehen, haben sich doch heute die Lebensbedingungen bedeutend verteuert und sind die Bedürfnisse auch im Arbeiterstande stark gestiegen. Allerdings sollte der Gewerkverein dem Arbeitgeber, wenn er mit ihm einen kollektiven Arbeitsvertrag abzuschliessen trachtet, in seinen Arbeitskräften resp. seinen Mitgliedern eine gewisse Garantie für eine entsprechende Leistung bieten können [3])

Nach einer Untersuchung von Dr. Schuler über die Arbeitslöhne in den industriellen Betrieben des ersten schweizer. Fabrik-

---

[1]) Statuten 1892, Art. 2 lit. e und Statuten 1902 lit. e.

[2]) „Die Arbeiter haben in ihrer Mehrzahl so viel gesunden Sinn, um zu erkennen. dass die zunächst aufgestellten Ziele, wie die Einführung eines Minimallohnes und die Beseitigung der Akkordarbeit, sich nicht nur aus Gründen der Prosperität der Fabrikation überhaupt, sondern in erster Linie im Interesse fleissiger und tüchtiger Arbeiter selbst zu bekämpfen sind, welche nicht zugeben dürfen und wollen, dass sie durch Einführung eines Minimallohnes auf die gleiche Stufe herabgedrückt werden wie die allerminderwertigsten Elemente unter der Arbeiterschaft und dass ihnen durch Aufhebung der Akkordarbeit die Möglichkeit genommen wird, durch eigene Tüchtigkeit ihr Einkommen zu verbessern.“ (Vgl. Jahresbericht des Vereins schweiz. Maschinenindustrieller pro 1898).

[3]) „Man hat namentlich von sozialistischer Seite die Gewerkvereine deshalb der Exklusivität, des Berufs- und Branchendünkels beschuldigt, weil sie in England an die Aufnahme gewisse Bedingungen knüpfen. Aber mit Unrecht. Da der Verein für seine Mitglieder ein gewisses Minimum von Arbeitsbedingungen fordert, muss er logischerweise den Unternehmern auch dafür garantieren, dass seine Mitglieder ein gewisses Minimum der Leistungen aufweisen. Da ferner der Verein für Arbeitslose sorgt, hat er auch ein lebhaftes Interesse daran, dass er durch Leute, die ihrer Untüchtigkeit wegen oft arbeitslose werden, nicht allzustark belastet werde.“ Die Arbeiterfrage, H. Herkner, S. 481.

inspektionskreises umfassen die Lohnklassen bis zu Fr. 3.— vorzugsweise Lehrlinge, doch auch eine beträchtliche Zahl Handlanger, im Ganzen 1/5 der Arbeiterschaft. Das Gros mit Fr. 3—4 folgt in der Proportion von 34%, oder, da man bei dieser Industrie Fr. 5.— noch zu den mittleren Löhnen rechnen kann, mit 57%, welche 3—5 Fr. verdienen, 23% haben einen Lohn von 5—10 und mehr Franken [1]). (Gemeint sind die Löhne in den Giessereien und Maschinenfabriken.) Natürlich haben sich im Laufe der Jahre diese Verhältnisse stets zum Bessern geändert [2]).

Für die Verhältnisse im Handwerke haben wir von W. Krebs für 1898 folgende Angaben [3]):

Durchschnittlicher Verdienst

	Stadt		Land	
	mit Kost und Wohnung	ohne	mit Kost	ohne
Wagner	W. 8—12	—	?	—
Schmiede u. Hufschmied.	W. 7—15	T. 3.50—7	W. 7—12	T. 3.50— 4.50
Schlosser		T. 4.60	W. 10—12	W. 24.00—27.00
Spengler		T. 4.50—6	W. 10—14	W. 20.00—24.00
Installateure		T 5.00—7	—	—
Kupferschmiede		T. 5.00—7	W. 15—18	T. 5.00— 6.00
Feilenhauer		T. 4.00—5	—	—
Monteure		Stdl. 35—70	—	—

W.=Wochenlohn, T.=Taglohn, Stdl.=Stundenlohn.

---

[1]) Die Arbeitslöhne in den industriellen Betrieben des ersten schweiz. Fabrikinspektionskreises von Dr. Schuler. Zeitschr. f. Statistik, 31. Jahrgang, S. 175.

[2]) Vgl. die neuern Jahresberichte des Vereins schweizer. Maschinenindustrieller. Giesser verdienen in Winterthur bis 6½ Fr., Berufsarbeiter bis 5½ Fr.—6½ Fr. „Die bei den Mitgliedern des V. S. M. I. beschäftigten Arbeiter beziehen ein durchschnittliches Einkommen von Fr. 1320 pro Jahr oder zirka Fr. 4.40 pro Arbeitstag.“ (Meister und Vorarbeiter sind nicht in die Berechnung gezogen). H. Meyer, a. a. O., S. 32.

[3]) XIX. Jahresbericht des Schweizerischen Gewerbevereins.

In einer Arbeit über die Lohnverhältnisse der Metallarbeiter in Bern [1]) berechnet Wassilieff einen Lohn von Fr. 5.— als Minimallohn für die gelernten Arbeiter und einen Lohn von Fr. 4.— für die ungelernten Arbeiter, Handlanger, Taglöhner. „Auch ein Lohn von Fr. 7. = Fr. 2100 im Jahr, ist gewiss kein hoher Lohn für Bern, denke man nur dabei an die Tage der Krankheit oder Arbeitslosigkeit. Aber auch abgesehen davon genügen Fr. 2000 pro Jahr, wenigstens für Familienväter, nicht, ein wirklich menschenwürdiges, der gegenwärtigen Kultur entsprechendes Dasein zu führen. Unsere Arbeiter fühlen aber mehr und mehr das Bedürfnis, an dem Fortschreiten der Kultur teilzunehmen, die Schätze der Wissenschaft und der Kunst kennen zu lernen und zu geniessen, sie wollen sich nicht mehr als Wesen betrachten, welche nur da sind, um bloss der anstrengenden und aufreibenden Arbeit obzuliegen, vielmehr wollen sie arbeiten um zu leben, zu leben und zu geniessen die materiellen und idealen Güter, welche gemeinschaftliche Arbeit der Menschheit gibt."

Was die tarifmässige Regelung des Lohnes im Gewerbe in jüngster Zeit anbetrifft, vgl. § 2 lit. e. S. 64.

c) *Hinsichtlich der Akkordarbeit.*

Die Abschaffung der Akkordarbeit ist ein altes Postulat der Metallarbeiter, so alt wie der Verband selbst [2]). Auch in vielen Resolutionen wurde das gleiche gefordert, doch der Erfolg entsprach hier nicht den Wünschen, es gelang nicht, die Akkordarbeit zu entfernen. Seitdem man dies eingesehen hat, bemüht man sich, möglichst günstige Bedingungen für Akkordarbeit beim Abschluss von Arbeitsverträgen herauszubringen. Auch soll der Akkordpreis stets höher sein als der Taglohn und dieser soll in allen denjenigen Fällen ausbezahlt werden, in welchen der Akkordlohn denselben ohne Verschulden des Arbeiters nicht erreicht. Im übrigen werden

---

[1]) „Abschaffung der Akkordarbeit" Stat. von 1892, Art. 2, lit. d.

[2]) Versuch einer Lohnstatistik der Metallarbeiter in Bern. Dr. Wassilieff, S. 4. „Somit ist der Minimallohn nichts anderes, als eine Garantie, dass wer arbeitet, imstande sein wird, unter allen Umständen seinen unentbehrlichen Konsum zu zahlen und ich denke, solange es sich um solche Fragen handelt, sind die Arbeiter noch weit entfernt, mit ihren Bewegungen aus dem Rahmen der heutigen Gesellschaftsordnung zu treten." S. M. Ztg. Nr. 21, 1905.

sich die schweizerischen Bestrebungen im Prinzip so ziemlich nach den deutschen Forderungen richten [1]).

d) Hinsichtlich kollektiver [2]) *Arbeits- und Tarifverträge.*

Alle geschilderten Bestrebungen glaubt man leichter verwirklichen zu können, wenn der einzelne Arbeiter mit dem Arbeitgeber nicht zu unterhandeln genötigt wäre, sondern wenn die Gewerkschaftsleitung für ihre Mitglieder und für die Arbeiterschaft am Platze einen kollektiven Arbeitsvertrag statt der Individualverträge abschliessen könnte. Deshalb suchte sich der Zentralvorstand die grossen Kompetenzen (vgl. Kap. III, § 3) bei Bewegungen zu verschaffen, um als Mandatar der Arbeiterschaft auftreten zu können. Es erhoben sich bald die Fragen, ob eine lokale Gewerkschaft, eine Sektion des Verbandes, als Vertreterin der am Platze Beschäftigten anzuerkennen sei und ob ein Sekretär ein Recht und einen Anspruch haben dürfe, bei Verhandlungen mit der Unternehmerschaft mitzuwirken und als bevollmächtigter Kontrahent aufzutreten. Diese Fragen sind Machtfragen. In der Grossindustrie, wo höchstens $^1/_4 - {}^1/_5$ der Arbeiter organisiert ist, darf der Anspruch füglich bestritten werden.

---

[1]) Vgl. S. M. Ztg. 1904, Nr. 28.

1. Die Festsetzung der Akkordpreise erfolgt durch den Arbeitgeber in Gemeinschaft mit einer aus seinen Arbeitern des in Betracht kommenden Berufes gewählten Kommission. Das Gleiche gilt für Regulierung der Akkordpreise, wenn eine solche durch technische Verbesserungen oder Versehen bei der Kalkulation bedingt ist.

2. Die Preise müssen so normiert sein, dass ein Arbeiter durchschnittlicher Leistungsfähigkeit über den ihm gewährleisteten Mindestlohn verdienen kann.

3. Jeder Arbeiter erhält bei Beginn der Akkordarbeit einen Akkordzettel, aus dem die Stückzahl und der festgesetzte Preis der betreffenden Arbeit ersichtlich sein muss.

4. Abzüge von dem für die Akkordarbeit festgesetzten Preise sind nach Übernahme der Akkordarbeit durch den Arbeiter nur für die vorgeschriebenen Leistungen der gesetzlichen Versicherung gegen Krankheit, Invalidität und Alter zulässig.

5. Die festgesetzten Akkordpreise sind zu einer Liste zusammenzustellen, zur Einsicht der Arbeiter in den Geschäftsräumen aufzulegen und in je einem Exemplar der örtlichen, beziehungsweise Bezirks-Schlichtungskommission und der Zentralinstanz einzureichen.

(Bestrebungen zur Schaffung einer Tarifgemeinschaft der deutschen Metallarbeiter).

[2]) Vgl. L. Brentano: Der kollektive Arbeitsvertrag. Schweiz. Blätter für Wirtschafts- und Sozialpolitik. Heft 17, 1905.

Im Gewerbe, bei viel stärkerer Organisation hat der Verband in dieser Hinsicht Erfolge davon getragen (vgl. § 2., lit. e.) Der Verein schweizer. Maschinenindustrieller setzt dem kollektiven Arbeitsvertrag den schärfsten Widerstand entgegen. „Auf der einen Seite ein solventer Teil, eine Aktiengesellschaft und auf der andern Seite zwei unfassbare Kontrahenten, die beide nichts zu bieten haben und sich und ihre angeblichen Mandanten zu nichts verpflichten." „Mindestlöhne, welche geeignet sind, die Leistungsfähigkeit und das Einkommen tüchtiger Arbeiter herabzudrücken und das gesamte Niveau der Arbeiterschaft zu erniedrigen." Aus Art. 7 und 8 des eidg. Fabrikgesetzes ergebe sich die Unzulässigkeit solcher Arbeitsverträge. „Neben der von der Regierung des eidg. Standes Zürich genehmigten Fabrikordnung wird der von dem schweizer. Metallarbeiterverband, Sektion Zürich, genehmigte Arbeitsvertrag hängen [1])." „Tarifverträge lehnen die schweizer. Maschinen-Industriellen für ihre eigenen Betriebe hauptsächlich aus dem Grunde ab, weil der wichtigste Gegenstand solcher Verträge, die Lohnfrage, in der eigentlichen Maschinenindustrie unmöglich tarifvertragsmässig geregelt werden kann. Die individuelle Regelung des Lohnes in der Maschinenindustrie kann nicht durch die generelle ersetzt werden, wegen der Mannigfaltigkeit der zu verrichtenden Arbeiten und sie kann nicht auf Jahre hinaus erfolgen wegen des raschen Wechsels der Fabrikate [2])."

[1]) Jahresbericht des Vereins schweiz. Maschinenindustrieller pro 1904, S. 32. Auslassungen anlässlich des Arbeitsvertrages mit der Automobilfabrik „Orion" in Zürich. Vgl. noch Basler Nachrichten vom 24. III. 1906, 2. Beilage: „Die Vorgänge in der Waggonfabrik Schlieren." „Einen Arbeitsvertrag mit ausserhalb der Fabrik stehenden Verbänden und Arbeitervertretern werde sie (Die Direktion) nicht eingehen. Die Beziehungen zwischen Fabrikleitung und Arbeitern seien durch die auf Grund des eidg. Fabrikgesetzes aufgestellten, von der Regierung genehmigten und von allen Arbeitern anerkannten Fabrikordnung, sowie die mit den Arbeitern vereinbarte Lohnordnung geregelt. Zudem sind die erwähnten Verbände nicht in der Lage, weder der Direktion noch deren Arbeitern irgend welche Garantie anzubieten für Einhaltung von mit ihnen abzuschliessenden Verträgen. — Der S. M. A. V. ist nicht in das Handelsregister eingetragen.

[2]) H. Meyer a. a. O., S. 35. „Die Maschinenindustriellen weisen darauf hin, dass die in der modernen Wirtschaftsordnung ursprünglich geltende Freiheit des individuellen Vertrages durch das geltende schweiz. Recht — Obligationenrecht, Haftpflicht- und Arbeiterschutzgesetz, Fabrikgesetz — ohnehin zu gunsten des Arbeiters erheblich eingeschränkt ist. Soweit das nicht schon durch zwingende Gesetzesvorschrift geschehen ist, regelt das Verhältnis

Für die Gesichtspunkte, nach welchen ein kollektiver Arbeitsvertrag geschlossen werden soll, vgl. S. M. Ztg. Nr. 18, 1904: „Der kollektive Arbeitsvertrag soll in die absoluten Herrschaftsrechte des Unternehmers eine Bresche legen. Es ist damit noch lange nicht die konstitutionelle Fabrik geschaffen, aber es wird doch herbeigeführt, dass die Arbeiter mitwirken an jenen Gesetzen, die für die Fabrik Geltung haben und dass der Arbeiter als gleichberechtigter Faktor beim Vertragsschluss anerkannt wird. Bei jedem Abschluss eines kollektiven Arbeitsvertrages ist besonderes Gewicht darauf zu legen, dass die Arbeitszeit nach oben und die Löhne nach unten begrenzt werden. Dass möglichst viele Unternehmer dem Vertrage beitreten, liegt im Interesse nicht nur der Arbeiter, sondern auch der Unternehmer, die den Vertrag geschlossen haben."

Die Lage der Arbeitgeber kann sich bei diesen Tarifverträgen leicht schlechter gestalten, wenn die Leistungen der einzelnen Arbeiter nicht den Ansätzen des Minimallohnes etc. entsprechen, günstiger vielleicht, wenn durch diese Verträge weniger Ausstände entstehen [1]).

---

zwischen Arbeitgeber und Arbeiter die durch das Fabrikgesetz vorgeschriebene Fabrikordnung und zwar so eingehend, dass für den Inhalt des Arbeitsvertrages kaum etwas anderes als die Regelung der Lohnfrage offen bleibt." N. Z. Ztg. Nr. 121, 1. Morgenbl., 2. Mai 1906.

[1]) „Die Lage des Arbeitgebers wird sich günstiger gestalten, wenn zwischen ihm und einer Mehrheit von Arbeitern ein Kollektivarbeitsvertrag eingegangen ist, für dessen Erfüllung die sämtlichen Verpflichteten solidarisch aufzukommen haben oder wenn eine Gewerkschaft als Rechtspersönlichkeit Vertragspartei ist. Im letzteren Falle geht der Vertragsbruch bei einem kündigungslos eingeleiteten Streik von der ganzen Gewerkschaft aus und es haften alle für einen und einer für alle." Leo Weber: Recht und Unrecht bei Arbeiterausständen. Ein Gutachten. Z. f. Strafrecht XVIII. 4. Heft, S. 296. — Vgl. noch Boos-Jegher a. a. O., S. 10: „Wir haben die Lösung (des Kollektivvertrages) durch eine schweiz. Gewerbeordnung angestrebt, in der das Verhältnis zwischen Meister und Arbeiter durch das Mittel der staatlichen Kontrolle geregelt würde." — Vgl. dazu die Stellung des Vereins Schweiz. Maschinenindustrieller anlässlich der Motion Cornaz (Jahresbericht pro 1891, S. 35: „Wir sind nicht gegen Berufsverbände, im Gegenteil, wir begrüssen sie als Mittel, Zwecke zu erreichen, wozu die Kraft des Einzelnen nicht ausreicht; aber es sollen solche nur aus freier Entschliessung hervorgehen und jedes einzelne Glied nicht mehr von seiner Handlungsfreiheit abgeben müssen als zur Erreichung der Zwecke des Verbandes notwendig ist. Ist ein wirkliches und allgemeines Bedürfnis für Berufsverbände vorhanden, so wird sich die Bildung von solchen von selbst machen."

e) Übersicht über die vom S.M.A.V.

Ort	Kontrahenten	Arbeitszeit	Stundenlohn	Vergütung für Überzeitarb.
Zürich	Automobilfabrik „Orion" und deren Arbeiterschaft, vertreten durch den S.M.A.V. Sektion Zürich.	10 Stunden, an Samstagen und Vorabenden von gesetzl. Feiertagen 9 Stunden ohne Lohnabzug.	Mindestlöhne für Berufsarbeiter: Bis 1 Jahr nach beendeter Lehrzeit 45 Rp. p. Std. Im 2. „ 50 „ „ „ „ 3. „ 55 „ „ „ „ 4. „ 60 „ „ „ Selbständige Arbeiter erhalten entsprechend mehr. Frisch eingetr. Hilfsarb. 45 Rp. p. Std. Geübte Hilfsarbeiter 48 „ „ „ Handlanger 43 „ „ „	25 %. Für Nacht- u. Sonntagsarbeit 50 %.
Lausanne	Schlossermeisterverein und Kommission der Schlossergehilfen.	10 Stunden. Beginn morgens im Sommer um 6½, im Winter um 7 Uhr. Samstag 9 Stunden.	Minimallohn für Arbeiter nach 3-jähriger Lehrzeit 48 Cts. Für solche, die über 3 Jahre als Gehilfen arbeiten, 53 Cts. Für frisch antret. Handlang. 38 Cts. Für solche, die 2 Jahre im Gewerbe tätig waren, 43 Cts.	Diejenige zwischen 5 Uhr morg. u. 8 Uhr ab. wird mit 30 % Zuschlag, Sonntagarb. mit 60 % entschädigt.
Zürich	Schlossermeisterverein von Zürich und Umgebung und verwandten Geschäften mit gemischt. Betrieben und Sektion Zürich des S.M.A.V.	9½ Stunden, vor Sonn- und Feiertagen 9 Std.	Lohnerhöhung 5 %. Gelernte Schlosser 45 Rp. Handlanger 40 „ im Minimum.	25 %. Nacht- und Sonntagsarbeit 50 % Zuschlag.
St. Gallen	Schlossermeister und Schlosserfachverein unter Vermittlung des Regierungsrates.	10 Stunden, vor Sonn- und Feiertagen Arbeitsschluss um 5 Uhr.	Gelernte Schlosser, welche als Gesellen 3 Jahre im Gewerbe sind, 55 Rp. Arbeiter nach der Lehrzeit Anfangslohn 48 Rp. Handlanger 40 „	Gleich wie oben. Sonntagsarbeit 100 %.
Basel	Schlossermeister und Schlossergewerkschaft unter Vermittlung der Regierung.	9½ Stunden, vor Sonn- und Festtagen 9 Stunden.	Lohnerhöhung von 5—10 %. Keine Minimallöhne.	25 %. Nacht- und Sonntagsarbeit 50 %.

abgeschlossenen Tarifverträge).*

Überland	Akkordarbeit	Décompte	Vertragsdauer	Besondere Bemerkungen
Bei tägl. Heimkehr ausser dem Fahrgeld Fr. 1.50 für Mittagessen. Bei Logement auswärts Zulage pro Tag Fr. 5.—. Die Zeit, die auf der Fahrt zugebracht wird, gilt als normale Arbeitszeit.	—	2 Taglöhne dürfen zurückbehalten werden.	1. Mai 1905 — 1. Mai 1907. Findet 6 Wochen vor Ablauf keine Kündigung statt, so bleibt er für weitere 2 Jahre in Kraft.	Ordnungsbussen werden vom Januar 19.6 an versuchsweise abgeschafft. — Der 1. Mai gilt als Feiertag. — Die Arbeiter der Fabrik ernennen aus ihrer Mitte eine Kommission, die eventuell mit dem Vorstand der Sekt. Zürich des S.M.AV. von der Geschäftsleitung als Vertreterin der Interessen der Arbeiterschaft anerkannt wird.
Arbeiter, die über 2 km von der Werkstatt entfernt arbeiten, erhalten Fr. 1.— Entschädigung für Mittagessen. — Fahrzeit gilt als Arbeitszeit.	Die Akkordarbeit ist fakultativ. Dem Arbeiter wird der Taglohn garantiert. — Die Anschläger sind ausgenommen.	—	28. Juli 1904 auf unbestimmte Zeit. Gegenseitige viermonatliche Kündigung im ersten Quartal des Jahres.	—
Fr. 1.— für Mittagessen. Bei Übernacht. Vergütung von 2 Fr an ledige, 3 Fr. an verheirat. Arbeiter.	Im Akkord werden Spezialarbeiter nach Tarif bezahlt.	2 Taglöhne.	Vom 2. Mai 1905 Kündigung alljährlich beidseitig am Schlusse des Jahres auf 3 Monate.	Die Meisterschaft verpflichtet sich, diejenigen Arbeiter einzustellen, welche am längsten im Geschäfte beschäft. waren. Vor Anstellung der noch ausstehenden Arbeiter dürfen keine von auswärts zugezogen werden. Dagegen dürfen von der Arbeiterschaft Leute nicht belästigt werden, die sich am Streik nicht beteiligt haben.
Gleich wie oben.	—	Fr. 5.—.	15. Juni 1905 bis 15. Juni 1907.	Mit einzelnen Arbeitern dürfen keine besonder. Abmachungen getroffen werden. Der Meister hat das Recht, jedem Arbeiter die Hälfte der Unfallprämie abzuziehen.
Bei auswärts Übernachten an Ledige 2.50 Fr. an Verheiratete 3.20 Fr. Entschädigung.	—	—	Auf unbestimmte Zeit.	—

Ort	Kontrahenten	Arbeitszeit	Stundenlohn	Vergütung für Überzeitarb.
Bern	Schlossermeisterverein und Schlosserfachverein.	9½ Stunden.	Gelernter Schlosser 48 Rp. Hilfsarbeiter nach 1 Jahr 40 „ Im übrigen wird der Lohn den Leistungen entsprechend vereinbart. Für sämtl. Arbeiter Lohnerhöhung von 5 %.	25 %. Nacht- und Sonntagarb. 50 %. (Nachtarbeit von abends 8 bis morgens 6 Uhr.)
Montreux	Schlossermeisterverein und Kommission der Schlosser.	10 Stunden, Samstag 9½.	Junge Arbeit. nach d. Lehrz. 45 Rp. Arbeit. nach 4jähr. Tätigkeit 50 „ Handlanger 30 „	30 % Entschädigung am Tage, 60 bei Nacht.
Vevey und Umgebung	Schlossermeister und Schlossergewerkschaft.	10 Stunden, an Samstagen und Vorabenden 9 Stunden.	Arbeiter nach 3jähr. Lehrzeit 48 Rp. Für solche, die seit 2 Jahren als Gehilfen arbeiten 53 „ Für angehende Handlanger 40 „ „ geübte „ 43 „	Gleich wie oben.
Winterthur	Zürcher Spenglermeister und Metallwarenfabrikant.-Verband und Spengler-Fachverein von Zürich und Winterthur.	9½ Stunden, 9 Stunden vor Sonn- u. Festtagen.	Gelernte Spengler 55 Rp. Anfangslohn für Arbeiter nach der Lehre 45 „	Überzeit- u. Sonntagsarbeit 50 %.
Neuenburg	Spenglermeister und Spenglerfachverein.	10 Stunden, sonst gleich wie oben. Die 9 Stunden werd. f. 10 bezahlt.	Durchschnittslohn 50 Rp. Für Repousseurs 50—60 „	30 %. Sonntags- u. Nachtarbeit 100 %.
Winterthur	Verein schweiz. Feilenhauermeister und deren Arbeiterschaft.	10 Stunden.	Schleifer 60 Cts. Hand- und Maschinenhauer erhalten in den Geschäften mit Haumaschinen 10 % Lohnerhöhung.	25 %. Nacht- und Sonntagarb. 50 %.

*) Gegenwärtig haben die Schlosser in Luzern den Meistern einen Entwurf zu einem Arbeitsvertrag zugestellt. Die Unterhandlungen sind noch nicht abgeschlossen und daher das Resultat ungewiss. Die tägliche Arbeitszeit soll 9½ Stunden, vor Sonn- und Feiertagen 8½ betragen; wobei aber die 9½ Std. bezahlt werden sollen. Gelernte Arbeiter sollen nach beendigter 3jähriger Lehrzeit 48 Cts., Handlanger 35 Cts., nach einjähriger Tätigkeit im Schlossergewerbe 40 Cts., erhalten. Sämtliche Prinzipale sind verpflichtet, ihre Arbeiter und Lehrlinge gemäss dem eidg. Unfall- und Haftpflichtgesetz gegen Unfall zu versichern. Die Prämien werden von den Meistern bezahlt. Décompte 1 Taglohn etc. (Der Schlosserfach-

Überland	Akkordarbeit	Décompte	Vertragsdauer	Besondere Bemerkungen
Bezahlung von Kost und Logis durch d. Meister.	Der Arbeiter kann nicht zum Akkord verpflicht. werden. Garantie des Taglohns.	2 Taglöhne.	1. November 1905 bis 31. August 1908.	1. Mai als Feiertag freigestellt. — Anschlag der Vereinbarung in den Werkstätten. (Diese Bedingungen finden wir bei allen Tarifverträgen.)
Entschädigung von Fr. 1.20 für Mittagessen.	Gleich wie oben.	—	1. Mai 1905 bis 31. Dezember 1906.	Die Prämie für d. Versicherung der Arbeiter gegen Unfall ist von den Meistern allein zu bezahlen.
Zulage v. 1 Fr. für Essen.	Gleich wie oben.	10 Fr., welche in den ersten 14 Tagen je zur Hälfte am Lohn abziehbar sind.	23. Juli 1905 bis 23. Juli 1907.	Jed. Arbeiter, der professionsmässig für einen Bauunternehmer od. Privaten arbeitet, wird durch seine Gewerkschaft ausgeschlossen. 1. Mai Feiertag.
Bei Arbeiten über $^1/_2$ Stunde von der Werkstätte entfernt werden 80 Cts. pro Tag vergütet.	Akkordarbeit auf Bau ist untersagt; in d. Werkstätten soll sie nach Tarifen erfolgen	10 Fr.	Vom 1. Mai 1905; beidseitige Kündigung alljährlich am Schluss des Jahres auf 3 Monate.	Bei Holzzementarbeiten Lohnzuschlag von 1 Fr. pro Tag. — Der 1. Mai wird ohne Lohnentschädigung frei gegeben. Jeder Arbeiter soll gegen Unfall versichert sein nach den Bestimmungen des Haftpflichtgesetzes.
—	—	—	15. Juli 1905 bis 15. Juli 1906.	Überzeitstunden berechtigen erst zu einer Entschädigung von 30 %, wenn der Arbeiter in 14 Tagen mehr als 118 Stunden gearbeitet hat.
—	Für norm. Arbeit wird per Kilo 5 Rp. per Meter 17 Rp. bezahlt.	5 Taglöhne.	Unbestimmte Zeitdauer.	Einige Vereinbarungen mit einzelnen Feilenhauermeistern gehen üb. diese Bestimmungen noch hinaus.

verein Luzern wurde 1888 gegründet mit 20 Mitgliedern und löste sich zweimal auf 1894 und 1898 im Dezember. Er trat 1889 in eine Bewegung für den 10 Stundentag ein und erreichte seinen Zweck ohne Streik. 1896 hatte eine Bewegung für Lohnerhöhung etc. ein negatives Resultat). In Basel schlossen sich auch die Schieferdecker dem S. M. A. V. resp. den Spenglern an und suchten einen Tarifvertrag zu erreichen. Die tägliche Arbeitszeit wurde auf $9^1/_2$ Stunden festgesetzt; Schieferdecker, welche seit Beendigung der Lehrzeit 2 Jahre im Berufe gearbeitet haben, erhalten 6 Fr. Tagelohn; Hilfsarbeiter 5—6 Fr. Der Anschluss an die Spengler hätte sich wegen der gewöhnlich gemeinsamen Arbeit und mangels einer eigenen Organisation ergeben (S. M. Ztg. 5. Mai 06).

§ 3.

Die Mittel zur Verwirklichung der Verbandsinteressen.

a) *Im Allgemeinen.*

In Bezug auf die Anwendung der Mittel, welche dazu dienen können, die Postulate der organisierten Arbeiter bei den Unternehmern geltend zu machen und event. mit Gewalt durchzusetzen haben die einzelnen Sektionen des Verbandes eine sehr geringe Kompetenz. Bei allen grössern Bewegungen hat der Zentralvorstand ein gewichtiges Wort mitzusprechen.

Wenn eine Sektion an die Unternehmer Forderungen zu stellen beabsichtigt, so ist eine Versammlung einzuberufen, und dieselbe über alle Punkte genau aufzuklären. Über jede einzelne Forderung ist getrennt abzustimmen. Zu solchen Versammlungen sind Arbeiter der betreffenden Betriebe, die dem Verbande nicht angehören, event. zuzulassen, haben aber kein Stimmrecht an denselben. Bevor Beschlüsse über Stellung von Forderungen gefasst werden, sind alle Umstände, welche auf einen Erfolg Einfluss haben können, genau zu prüfen. Sodann sind die Forderungen dem Zentralvorstand zur Genehmigung vorzulegen. Der Zentralvorstand hat das Recht, vor der Erteilung der Genehmigung am Orte selbst sich über die Sachlage zu orientieren, ebenso an den aufgestellten Forderungen Abänderungen zu treffen oder dieselben anders zu formulieren[1].

Hat nun der Zentralvorstand die Bewilligung zur Einreichung der Forderungen an den Unternehmer erteilt, so haben die in Frage kommenden Arbeiter ihr Einverständnis mit dem Vorgehen schriftlich zu erklären. Erst nachher sind die Forderungen dem Unternehmer zuzustellen unter Ansetzung einer angemessenen Frist zur Rückäusserung.

Der Zentralvorstand wird die allgemeine Lage des Arbeitsmarktes, die Geschäftsverhältnisse, die Solidarität und Organisation der Meister, den Einfluss der öffentlichen Meinung viel ruhiger und objektiver abschätzen können durch seine ständigen Beamten, als

---

[1] Reglement über das Verhalten bei Streiks und andern Konflikten mit den Unternehmern. Bern 1903, S. 26.

dies einer lokalen Gewerkschaft möglich wäre. Denn gerade diese geschilderten Punkte können oft scheinbar unter günstigen Auspizien unternommene Bewegungen zum Scheitern bringen[1]).

b) Bestimmungen für die Unterhandlung mit dem Unternehmer.

Kompetenz zu den allfälligen Unterhandlungen hat der Sektionsvorstand. Doch kann durch die Sektion oder betreffende Versammlung eine besondere Kommission bestimmt werden. Hiezu sollen Mitglieder gewählt werden, welche im betreffenden Betriebe beschäftigt sind, sofern dieselben Gewähr bieten, dass sie befähigt und selbständig genug sind, die Interessen der Arbeiter, unbeeinflusst von allen andern Rücksichten, zu vertreten. Wenn nun eine Einigung zwischen dem Unternehmer und den Vertretern der Arbeiter zustande kommt, und die Verbandsmitglieder dieselbe nicht genehmigen, so ist der Entscheid des Zentralvorstandes einzuholen. Dieser Entscheid ist für die Verbandsmitglieder verbindlich.

Nun sucht aber der Zentralvorstand bei allen bedeutenden Bewegungen sich durch einen Sekretär etc. vertreten zu lassen. Werden die Verhandlungen durch den Zentralvorstand geführt, wozu er jederzeit kompetent ist, so hat er Vollmacht zu verbindlichen Vergleichsabschlüssen[2]).

Wenn eine Vereinbarung nicht zustande kommt, so hat sich die Mitgliederversammlung zu beraten, was weiter erfolgen soll. Als andere Mittel, um der Forderung Anerkennung zu verschaffen, können in Betracht kommen die Sperre und der Streik.

c) *Die Sperre.*

Die Werkstätte des Unternehmers wird in Verruf erklärt, einem jeden Mitglied wird bei Strafe des Ausschlusses aus dem Verband untersagt, bei dem boykottierten Unternehmer Arbeit zu nehmen.

---

[1]) Vgl. H. Greulich: Wo wollen wir hin? Ein ernstes Mahnwort an alle Gewerkschafter der Schweiz. Bern 1903, S. 19.

[2]) „Wir haben uns stets alle Mühe gegeben, einen friedlichen Ausgleich herbeizuführen. Eine Vereinbarung, auf dem Wege freiwilliger Verständigung mit den Unternehmern zu stande gekommen, ist jedenfalls mehr wert, als eine gleichlautende durch einen Streik errungene.“ Jahresbericht pro 1902, S. 5. „Es zeigt sich auch hier, dass durch die ohne Streik abgeschlossenen Bewegungen sehr viel erreicht worden ist, weit mehr als durch die Streiks.“ Jahresbericht pro 1904 und 1905, S. 25.

Solche Sperren kommen hauptsächlich im Gewerbe (Spenglerei, Schlosserei etc.) vor, weil da die Organisation straffer ist und die Beschäftigung ungelernter Arbeiter nicht angeht. In der Grossindustrie wird sie schwerer von der erhofften Wirkung begleitet sein.

Die Sperre wird im Verbandsorgan an hervorragender Stelle publiziert. So wurden schon im ersten Jahrgang der S.M.Ztg. 1903, 12 grössere Sperren publiziert, von denen einige mehrere Wochen dauerten. Hat ein Arbeiter ohne Kenntnis der Sperre in der Werkstätte gearbeitet, so hat er diese sofort, nachdem er über die Sperre unterrichtet ist, zu verlassen. Wie eine Sperre durchgeführt wird, mag folgendes aus den Ereignissen in Rorschach entnommenes Bild illustrieren: „Der neu (während der Sperre) eingestellte Arbeiter wurde noch am selben Abend und auf der Strasse und am nächsten Tage im Geschäft derart bedroht und eingeschüchtert, dass er erklärte, unter solchen Bedingungen nicht weiter arbeiten zu können und austrat. Später eintretenden Arbeitern erging es nicht besser. Trotzdem die Geschäftsleitung jedem Arbeiter unter Entlassung drohte, der einen andern am Eintritt und an der Arbeit verhindere, wurde die Sperre doch streng durchgeführt. Die Leitung war ganz auf die bisherigen Arbeiter angewiesen. Diese ihrerseits konnten je nach Wunsch der Streikleitung in beliebiger Zahl kündigen." Einige taten dies und blieben aus. „Die Mehrzahl der im Geschäfte Bleibenden aber arbeitete gar nichts, andere sehr nachlässig. Jedenfalls benahm sich die Arbeiterschaft in einer Weise, die das Geschäft in ebenso grossen, wenn nicht grössern Schaden brachte, als wenn die Arbeit niedergelegt worden wäre." Meyer a. a. O., S. 14. Nach dem gleichen Autor war eine Versammlung zur Verhängung der Sperre über ein Geschäft in Winterthur von 169 Mann besucht worden; von diesen waren 37 für und 32 gegen die Sperre. Auf einen so gefassten Beschluss hin, welcher für ihn nur einen Antrag bedeutete, entschied sich der Zentralvorstand des S.M.A.V. für Verhängung der Sperre über ein Geschäft von über 700 Arbeitern. S. 25.

Über Orte und Werkstätten, die wegen Streik oder Massregelungen gesperrt wurden, bleibt die Sperre so lange aufrecht, bis alle betroffenen Mitglieder wieder Arbeit haben.

Die Sektionsvorstände haben über den Erfolg und die Durchführung der Sperre regelmässig alle 14 Tage an den Zentralvorstand

Bericht zu erstatten. Wenn dieser Bericht ausbleibt, so wird die Sperre nur noch in der nächstfolgenden Nummer des Verbandsorganes publiziert und nachher als aufgehoben betrachtet[1]).

d) *Der Streik.*

α) Streikreglement.

Solange der S.M.A.V. ein Glied des Gewerkschaftsbundes war, galt für ihn auch dessen Streikreglement. Aber schon am Kongress in Solothurn 8. und 9. April 1898 wurde beantragt, es sei dem Zentralvorstand das Recht einzuräumen:

1. Sperren zu verhängen, Warnungen zu erlassen, ohne vorherige Anzeige beim Bundeskomitee.

2. Das Recht, bei Ausständen Listen anzufertigen zur Unterstützung der Ausständigen.

3. Das Recht der Vermittlung in allen und jeden Fällen.

4. Genehmigung von Streiks bis zu 200 Mann in ein und demselben Geschäfte oder in mehreren Geschäften am gleichen Orte.

Die Versammlung sprach sich auch in diesem Sinne aus und der Verband trat mit dem Gewerkschaftsbund in diesbezügliche Unterhandlungen, allein ohne sonderlichen Erfolg.

Am Kongresse 1900 wurde anlässlich der Behandlung der Austrittsfrage aus dem Gewerkschaftsbund ein ähnlicher Antrag gestellt[2]). Seit 1902 hat sich der S.M.A.V. nun ein eigenes Regulativ gegeben.

---

[1]) a. a. O., S. 28.

[2]) „Der Kongress des S. M. A. V. in Erwägung:

Dass bei Lohnbewegungen, Streiks etc., die sich in engen Rahmen abspielen, das Bundeskomitee die Sache nur flau, als nicht von Bedeutung zur Behandlung zieht und dadurch das Solidaritätsgefühl der Mitglieder lahm legt, beschliesst:

a) Der Gewerkschaftsbund erteilt allen Zentralvorständen, deren Berufsverband 3000 Mitglieder zählt oder übersteigt, Vollmacht zur Unterhandlung bei Streik und Lohnbewegungen, deren Beteiligung 200 Mitglieder nicht übersteigt.

b) Die Massregelungs- und Streikunterstützungsauszahlungen (Ausnahmen vorbehalten) haben nach den Statuten des Gewerkschaftsbundes aus dessen Kasse zu erfolgen.

c) Falls der Kongress des S. M. A. V. vorliegenden Antrag genehmigt und der Kongress des Gewerkschaftsbundes denselben verwirft, so sei der Austritt aus dem Gewerkschaftsbunde beschlossen.“

Wenn eine Sektion zur Durchführung ihrer Forderungen in Streik treten will, so ist vorerst dem Zentralvorstand ein ausführlicher und wahrheitsgetreuer Bericht einzusenden. Dieser soll enthalten:

1. Die aufgestellten Forderungen.

2. Eine Begründung der Forderungen.

3. Das Resultat der bisher erfolgten Unterhandlungen.

4. Die Zahl aller in Betracht kommenden Arbeiter. Hiebei muss ersichtlich sein: a) wie viele derselben dem Verbande länger als drei Monate angehören; b) wie viele ledig, wie viele verheiratet; c) wie viele von den Nichtverbandsmitgliedern andern Berufsorganisationen angehören.

5. Das Ergebnis der Abstimmung der Verbandsmitglieder über die Frage einer allfälligen Arbeitsniederlegung[1]).

Der Zentralvorstand soll die Bewilligung zum Streik nur dann erteilen, wenn er die Möglichkeit eines Gelingens[2]) voraussieht, und folgende Voraussetzungen zutreffen:

1. Es müssen mindestens $^2/_3$ der in Frage kommenden Arbeiter drei Monate dem Verbande oder einer andern Berufsorganisation, welche für ihre Mitglieder die finanzielle Unterstützung übernimmt, angehören.

2. Es müssen mindestens 90% der Mitglieder sich in geheimer Abstimmung für Eintreten in den Streik erklärt und sich mit Namensunterschrift dafür verpflichtet haben.

3. Sofern die nicht organisierten Arbeiter 10% der Beteiligten ausmachen, muss mindestens die Hälfte derselben ihr Einverständnis schriftlich erklärt haben.

---

[1]) Vgl. Art. 39 der Statuten des Gewerkschaftsbundes. „Wenn eine Gewerkschaft entschlossen ist, Verschlechterungen der Arbeitsverhältnisse abzuwehren oder Forderungen zu stellen, so ist sofort Anzeige und Bericht zu erstatten:

a) Über die bestehenden Verhältnisse und die beabsichtigten Forderungen;

b) über die Zahl der am Orte beschäftigten Arbeiter des betreffenden Berufes, oder der betreffenden Industrie oder des betreffenden Betriebes, sowie über die Zahl der seit mindestens sechs Monaten zur Organisation gehörigen Arbeiter, die dabei in Frage kommen.“

[2]) „Das Streiken ist eben nicht die Hauptsache, sondern das Gewinnen und das Erhalten des Gewonnenen.“ Wo wollen wir hin? Ein erstes Mahnwort an alle Gewerkschaften der Schweiz von H. Greulich. Bern 1903, S. 27.

Der Zentralvorstand kann nun in Rücksicht auf andere Streiks von Verbandsmitgliedern oder auch anderer Organisationen oder in Rücksicht auf die finanziellen Mittel des Verbandes die Bewilligung zum Streik auch dann verweigern, wenn obige Bedingungen erfüllt sind und die Berechtigung der Forderungen anerkannt wird.

Tritt eine Gewerkschaft oder ein Teil derselben ohne die Einwilligung des Zentralvorstandes in Streik, so verzichten die Beteiligten damit auf jede finanzielle Unterstützung aus der Verbandskasse.

Wichtig ist die sogenannte Streikversammlung, die Versammlung, welche den Streik beschliessen kann. Wo immer möglich, soll der Zentralvorstand so rechtzeitig[1]) von der Versammlung, welche einberufen werden soll, benachrichtigt werden, dass er Gelegenheit hat, sich an derselben vertreten zu lassen.

Es sollen an der Streikversammlung die Berichterstatter sich der Objektivität befleissigen, Provokationen, Schönfärberei unterlassen. Der Vorstand ist verpflichtet, die Mitglieder auf die bestehenden Vorschriften, auf die Tragweite und eventl. Konsequenzen eines Ausstandes aufmerksam zu machen. Die Abstimmung über den Streik findet geheim statt; und zwar dürfen nur Mitglieder teilnehmen, welche dem Vorstand bekannt sind oder sich durch das Mitgliedsbuch legitimieren[2]). Wer mit mehr als 8 Beiträgen im Rückstand ist, wird nicht als Mitglied betrachtet. Alle erst während

---

[1]) „Um in eine Lohnbewegung eintreten zu können, geht eine Lokalsektion plötzlich mit grösstem Eifer auf die Mitgliederwerbung, um möglichst bald die verlangten $^2/_3$ Organisierten aufweisen zu können. Wer die Psychologie der Arbeiterschaft nur ein wenig kennt, der weiss, wie leicht es ist, Mitglieder zu bekommen mit der Parole: Es gibt einen Streik für Lohnerhöhung, wir werden unterstützt! — Kaum sind die $^2/_3$ beieinander, so gibt es eine öffentliche Versammlung und man versichert sich dürftig der Mitwirkung der Hälfte der Unorganisierten, was auch nicht schwer ist. Dann werden die Forderungen eingereicht mit 3—4 Tagen Frist zur Beantwortung. Jetzt erst berichtet man dem Verbandsvorstand mit der Bemerkung, es pressiere, sonst gehe der günstige Moment vorüber. Will er zurückhalten, so setzt es bittere Vorwürfe — die Stimmung ist schon stürmisch. So lässt der Verbandsvorstand der Sache ihren Lauf bis eine neue Niederlage den Voreiligen bittere Lehren erteilt. Übrigens wird im ersten Zorn nie der wahre Grund der Niederlage eingestanden." a. a. O., Greulich, S. 22. —

[2]) „Beim Schlosserstreik in Zürich stimmten von zirka 250 Gesellen 80 gegen den Streik. Nachdem der Beschluss gefasst war, wurden die Türen geschlossen und kein Mann herausgelassen (natürlich unter Drohungen), der sich nicht schriftlich zum Streiken verpflichtet hatte." Boos-Jegher. Unsere Stellung zu der Streikbewegung, S. 6, Note 2.

dem Bestehen der Differenzen oder der Vorbereitung zum Ausstand eingetretenen Mitglieder haben kein Stimmrecht.

β) Durchführung der Streiks und Streikunterstützung.

Die Unterstützung der streikenden Mitglieder wird aus der Zentralkasse und aus freiwilligen und Extrabeiträgen bestritten.

Als der Verband nur sehr kleine Beiträge von seinen Mitgliedern erheben konnte, und die Reservekasse, die Streikversicherung des Gewerkschaftsbundes, für die vielen Verbände eben unzulässig war, musste sofort zu freiwilligen Beiträgen Zuflucht genommen werden.

Die Sektionen des S.M.A.V. gaben für Streik aus:

1898=Fr. 2476.42	1902=Fr. 4836.65
1899=Fr. 6033.95	1903=Fr. 2272.—
1900=Fr. 10981.74	1904=Fr. 15022.—
1901=Fr. 7910.60	1905=Fr.111621.—

Nach dem Reglement über das Unterstützungswesen (1903) bezahlt die Verbandskasse an verheiratete Mitglieder (Art. 13. d. Stat.) per Tag Fr. 2=Fr. 12 per Woche, für jedes minderjährige Kind eine tägliche Zulage von 20 Rp.; an ledige Mitglieder Fr. 1.50 per Tag=Fr. 9 per Woche. Die Unterstützung weiblicher Mitglieder beträgt Fr. 1.50 per Tag, bei verheirateten für jedes minderjährige Kind 20 Rp. Zulage.

Ledige Mitglieder, welche in Familiengemeinschaft lebende Angehörige zu unterstützen haben, werden den verheirateten gleichgestellt.

Freiwillige Sammlungen zur Unterstützung von Streiks oder Aussperrungen dürfen nur vom Zentralvorstand, resp. vom Bundeskomitee, veranstaltet werden [1]). Aus diesen Mitteln oder aus der Verbandskasse kann eine Zulage zu der statutarischen Unterstützung

[1]) Vgl. Vertrag v. 14. Aug. 1902 zwischen dem S. Gew. B. und dem S. M. A. V. „Überdies verpflichtet sich der S. M. A. V. bei allen Streiks von über 100 Beteiligten, die der S. Gew. B. zu führen hat, einen Aufruf zu Gunsten der Ausständigen zu erlassen und den ganzen Ertrag dieser Sammlung dem Bundeskomitee zur Verfügung zu stellen. In ausserordentlichen Fällen kann der Aufruf auch erlassen werden, wenn nicht 100 Beteiligte sind. „Der S. Gew. B verpflichtet sich, bei Streiks, die der S. M. A. V. zu führen hat, sofern 40 Beteiligte sind, einen Aufruf zur Unterstützung in den Arbeiterblättern zu erlassen und an alle ihm angehörenden Sektionen Sammellisten zu verschicken. In ausserordentlichen Fällen braucht es nicht 40 Beteiligte.

verabfolgt werden, doch darf dieselbe Fr. 1.— pro Tag nicht übersteigen und nicht vor Ablauf der ersten 4 Wochen ausbezahlt werden. (Art. 14).

Das Streikkomitee hat jede Woche mit dem Situationsbericht ein genaues Verzeichnis der zu Unterstützenden einzusenden. Wenn diese Einsendung unterbleibt, so wird von der Zentralkasse kein Geld abgeschickt. Für alle Unterstützungen haben die Empfänger zu quittieren. Von Streikenden, welche vor Beendigung des Ausstandes die Arbeit wieder aufnehmen, oder sich sonst gegen die Statuten und das Reglement arg verstossen, kann die Unterstützung zurückverlangt werden. Die Unterstützungen sind also als Darleihen zu betrachten.

In Ausnahmefällen, bei grossen oder lange andauernden Streiks, bei denen die ordentlichen Mittel zur Unterstützung nicht ausreichen, oder zu stark in Anspruch genommen würden, kann der Zentralvorstand (vide Art. 10, Al. 4 der Stat.) Extrabeiträge erheben. Ebenso wird sich der Zentralvorstand in solchen Fällen gemäss Vertrag mit dem schweizer. Gewerkschaftsbund und gemäss den Statuten mit dem Bundeskomitee des Gewerkschaftsbundes ins Einvernehmen setzen zur Hülfbringung der nötigen Unterstützungsgelder.

Zur Durchführung eines Streiks wird ein Streikkomitee gewählt. Die Streikenden haben sich täglich mindestens einmal zum Appell etc. einzufinden. Während der Dauer des Streiks haben sich alle Beteiligten des Genusses geistiger Getränke möglichst zu enthalten. Alle lärmenden Auftritte, Ruhestörungen, innerhalb wie ausserhalb des Streiklokales sind zu vermeiden. Zur Überwachung der vom Ausstande betroffenen Werkstatt, der Strassen, auf welchen arbeitsuchende Kollegen in die Ortschaft kommen, der Bahnhöfe, ist ein Postendienst zu organisieren. Alle Begebenheiten, welche mit dem Streik in Berührung stehen, sind von den Streikposten dem Komitee zu melden. Arbeitsuchende Berufskollegen sind vom Streik zu verständigen und sollen durch Zureden veranlasst werden, den Ort wieder zu verlassen. Zur Vermittlung eines guten Nachrichtendienstes und zur Überwachung der Streikposten selber ist ein Patrouillendienst zu organisieren, sofern es die örtlichen Verhältnisse notwendig machen. Das Streikkomitee hat an den Zentralvorstand wöchentlich Bericht zu geben über:

1. Die Zahl der Ausständischen.
2. Die Zahl der Arbeitenden.

3. Die Zahl der Zugereisten und in Arbeit getretenen, wie die Zahl der Streikenden, welche zur Arbeit zurückkehrten.

4. Angaben über das Verhalten des Unternehmers und Behörden, über die Stimmung unter den Ausständischen, über die eingegangenen Unterstützungsbeiträge.

Bei Streiks in andern Berufen, wobei einzelne Mitglieder des Verbandes beteiligt sind, oder deswegen die Arbeit auszusetzen gezwungen sind, erhalten dieselben auch die Streikunterstützung.

Wenn die Anzahl der Metallarbeiter überwiegt in einer Fabrik, so soll die Leitung der Bewegung dem Metallarbeiterverband zukommen. (Kongressbeschluss in Basel 1906.)

Bei Aussperrungen [1]) von Seite der Unternehmer haben nur diejenigen Mitglieder, welche dem Verband wenigstens ein Jahr angehören, Anspruch auf Unterstützung.

Ein Hauptziel der gewerkschaftlichen Organisation wird dahin gehen, möglichst die Kräfte des Verbandes zusammen zu halten und nicht in kleinen, voreiligen Kämpfen zu zersplittern. „Allerdings ist die Stellung der Gewerkschaften in der Schweiz, namentlich in den städtischen Gewerben, eine schwierigere als in andern Ländern. Der grosse Wechsel in der Arbeiterschaft und der beständig erneuerte Zuzug aus den Nachbarländern erschwert die Einführung und Festhaltung einer guten Gewerkschaftstatistik sehr. Die meisten kommen frisch in die Organisation und die Schulung muss immer wieder von neuem beginnen. Tritt dann gar noch die anarchistische Propaganda hinzu, dann wird die Sache doppelt schwer [2]).“

Anlässlich des Streiks in der Neumühle (Zürich) bei Escher und Wyss (1902) schrieb der Jahresbericht [3]): „Tausend Arbeiter auf längere Zeit zu unterstützen, dazu ist die schweizerische Arbeiterschaft bei der noch so schwachen Organisation zu schwach. Kassen sind keine vorhanden, die auch nur eine kurze Zeit lang die Unterstützung bestreiten könnten und wenn auch das der Fall gewesen wäre, so hätten die Neumühlearbeiter auf dieselben kein Anrecht

[1]) „Eine Aussperrung ist dann vorhanden, wenn ein oder mehrere Unternehmer, zur Erreichung von Konzessionen gegenüber den Arbeitern, ihre Arbeiter oder einen gewissen Teil derselben entlassen oder für eine zeitlang ihnen die Werkstätte schliessen.“ Reglement für das Unterstützungswesen, Seite 34.

[2]) H. Greulich, a. a. O., S. 24

[3]) Jahresbericht pro 1902, S. 5

gehabt. Der Streik war ohne Beachtung aller Vorschriften inszeniert worden und von den 1000 Arbeitern waren kaum 170 organisiert. Für diese letztern ist die Unterstützung vom Gewerkschaftsbund und teilweise vom Metallarbeiterverband ausbezahlt worden.“ So kommt es vor, dass bei Kämpfen prinzipieller Natur Leute aus taktischen Gründen unterstützt werden, welche noch nie Beiträge an den Verband gezahlt hatten.

So schön die Bestimmungen des Streikreglementes sind, in Wirklichkeit werden sie eben oft leicht umgangen. Vgl. § 4 K. III.

In Anbetracht der letztjährigen Tätigkeit scheinen die finanziellen Mittel kaum mehr zu reichen und der Verband wird sich daher genötigt sehen, die Beiträge seiner Mitglieder noch zu erhöhen. Bereits liegen für den Kongress 1906 diesbezügliche Anträge für die Erhöhung der Streikunterstützung pro Mitglied um 50 Rp. täglich mit der dritten Woche seit Beginn des Ausstandes und für Erhöhung der wöchentlichen Beiträge um 10 Cts. vor. (Sektion Zürich. S.M.Ztg, Nr. 11, 1906.) „Allerdings könnte der Verband auch mit den Mitteln, die ihm heute zur Verfügung stehen, noch lange Zeit auskommen, wenn nicht damit gerechnet werden müsste, dass die Zahl der Streikenden in kurzer Zeit noch bedeutend zunimmt und namentlich auch, wenn die Streikenden mit der statutarisch festgesetzten Unterstützung auskommen könnten. Was nun die Streikenden anbetrifft, die mit ihrer statutarisch festgesetzten Unterstützung nicht auskommen können, so sei vorläufig festgestellt, dass bei allen Streiks, die länger als 2 Wochen dauerten, die Zentralkasse mehr als das Vorgeschriebene leisten musste. Nach Beendigung der Streiks, kamen gewöhnlich noch eine Serie besonderer Unterstützungsgesuche, denen in den meisten Fällen entsprochen wurde, und dazu noch eine Partie Prozessrechnungen. Wenn auch da und dort die streikenden Kollegen mit ihrem Gelde nicht vorsichtig genug umgehen, so musste der Zentralvorstand doch in den meisten Fällen die Notwendigkeit einer Zulage zum ordentlichen Streikgeld anerkennen. Sollten jedoch die Bewegungen weiter um sich greifen und neue lange Streiks unterstützt werden müssen, was mit absoluter Sicherheit angenommen werden muss, dann müssen auch die Mitglieder die Notwendigkeit einer Zulage zu den bisherigen Beiträgen anerkennen[1]).“

---

[1]) a. a. O., S. M. Ztg.

§ 4.

Uebersicht über die Interessenkämpfe des Verbandes mit Berücksichtigung seiner Stellung zum Verein schweizerischer Maschinenindustrieller.

H. Greulich führt in einer Untersuchung über die Lohnbewegungen und Streiks in der Schweiz seit 1860[1]), 9 Lohnbewegungen der Metallarbeiter mit günstigem, 14 mit ungünstigem Ausgang, 25 Streiks mit und 14 ohne Erfolg an.

Die folgende Zusammenstellung der Streiks und Bewegungen seit 1900 kann leider nicht Anspruch auf Vollständigkeit machen, weil viele kleinere Konflikte, in welchen der Zentralvorstand nicht zum Eingreifen veranlasst wurde, ihm selber unbekannt blieben und bei andern das Resultat ohnedies bestritten ist[2]).

Die Interessenkämpfe des Verbandes.

	mit Streik			ohne Streik[3])		
Jahr	mit	teilw.	ohne Erfolg	mit	teilw.	ohne Erfolg
1900	4	3	2	9	7	4
1901	2	1	3	6	6	6
1902	—	2	2	?	?	? [4])
1903	3	1	2	28	8	34
1904	1	1	2	10	3	2
1905	12	6	3	15	6	?

Die Streiks, welche seit dem Jahre 1900 entstanden, fanden in überwiegender Zahl im Gewerbe mit Erfolg statt; in der Grossindustrie verliefen die meisten Bewegungen mit Streiks aussichtslos. Im Jahre 1901 traten bei der Firma Benninger & Co. in Uzwil am 13. Januar die organisierten Arbeiter in Ausstand, angeblich wegen ungerechter Entlassung von 5 Giessern. Im Verlaufe des

[1]) VII. Jahresber. des leitenden Ausschusses des schweiz. Arbeiterbundes und des schweiz. Arbeitersekretariats für das Jahr 1894, S. 194.

[2]) „Der Forscher, der später einmal die Geschichte der sozialen Kämpfe unserer Zeit studieren wollte, wird vor einer Unmasse widerspruchsvoller Angaben stehen, dass er oft kaum das Glaubwürdige von dem Unglaubwürdigen wird unterscheiden können, namentlich wenn er sich an die Zeitungen halten wollte. Greulich, a. a. O., S. 61.

[3]) Nur die Bewegungen und Konflikte, welche den Zentralvorstand zum Eingreifen veranlasst haben, und in den Jahresber. erwähnt werden.

[4]) Es erfolgten 35 Bewegungen; doch existieren keine Angaben über die Resultate.

Ausstandes kamen schwere Ausschreitungen vor[1]), sodass die Arbeitswilligen durch die Polizei geschützt werden mussten. Etwa 40 Arbeiter gerieten mit den Gerichten in Konflikt. Der ganze Streik wurde ohne Begrüssung des Zentralvorstandes und der Organe des Gewerkschaftsbundes inszeniert[2]).

Der Streik, an welchem 120 Mann beteiligt waren ging total verloren und kostete über 30,000 Fr.

Im Jahre 1902 (4.—17. Juni) streikten bei Escher Wyss & Cie. in der Neumühle bei Zürich 1300 Arbeiter wegen eines missliebigen Vorarbeiters; Verbandsmitglieder waren am Streike zirka 150 beteiligt. Die Bewegung verlief bei mangelhafter Organisation resultatlos[3]). Vom 14. Juni bis 11. Juli entstand bei Egloff & Cie., Turgi, ein Ausstand und vom 5. bis 11. Dezember bei Fuchs, Feilenfabrik in Arbon. In Genf waren organisierte Metallarbeiter auch anlässlich des dortigen Generalstreiks beteiligt und der Verband

[1]) „Tatsache ist, dass die Behörden, sowohl das Gemeindeamt Uzwil als auch das Bezirksamt erst eingeschritten sind auf Klage stetsfort belästigter und misshandelter Arbeiter. In 21 Fällen sind Klagen geführt worden von Arbeitern, welche nicht mitstreiken wollten. Aber nicht nur Arbeiter, auch Leute, die mit dem Streik in durchaus keiner Beziehung standen, sind in Uzwil belästigt worden. Der Bahnhof war fortwährend belagert; Aussteigende wurde streng kontrolliert. Es ist vorgekommen, dass ein Fremder, Gemeinderat aus dem Kanton Zürich, der seine Schwestern besuchen wollte, von einem Streikenden bis in deren Wohnung begleitet und dort genötigt worden ist, sein Köfferchen auszupacken, um zu beweisen, dass er nicht etwa Arbeitszeug darin habe und in Uzwil Arbeit suchen wolle. Tatsache ist ferner, dass keine einzige Verhaftung gesetzlich ungerechtfertigt war, indem Delikte vorlagen: Gewalttätigkeit, boshafte Drohung, Nötigung, Hausrechtsverletzung, Ungehorsam und Aufruhr, bei welchen sie statthaft und übrigens aus Gründen der Kollusions- und Fluchtgefahr geboten war. Ein Streikführer wurde wegen Unterschlagung von Vereinsgeldern, die er als Kassier der Abonnements für die „Arbeiterstimme" in Händen hatte, von der Schlosser- und Drehergruppe in Uzwil eingeklagt. (Neue Zürcher Zeitung, 19. Mai 1901, Beil. Nr. 138). Beim Streikprozess vor Kantonsgericht beantragte der Staatsanwalt für den Präsidenten des Streikkomitees, Bukowinsky eine Strafe von 3 Monaten Arbeitshaus und 10 Jahren Kantonsverweisung. Im Urteil erhielt er 10 Tage Gefängnis und 100 Fr. Geldbusse; 16 Arbeiter wurden zu Geldbussen von 20, 30, 50 und 100 Fr. und zu Gefängnisstrafen von 2, 3, 5 und 10 Tagen verurteilt. 22 Angeklagte wurden freigesprochen. N. Z. Ztg. 1. Juli 1901. Nr. 180.

[2]) Grütlianer Kalender 1903, S. 74.

[3]) Vgl. die Vereinbarung vom 20. Juni 1902, abgeschlossen von der Direktion mit der im Ausstande befindlichen Arbeiterschaft unter Vermittlung der Regierungsräte Locher und Bleuler.

1. Die Arbeiterschaft verzichtet auf die Forderung der Entlassung oder Versetzung des Herrn Wolfensberger.

zahlte die Streikunterstützung denjenigen Mitgliedern, welche zu Arreststrafen wegen Verweigerung des Militärdienstes verurteilt wurden. In Winterthur fing bei Gebr. Sulzer eine Bewegung an, der aber bald die Spitze abgebrochen wurde[1]).

Im Jahre 1903 registrieren wir 6 Streiks, nämlich diejenigen der Spengler in Luzern und Interlaken, der Metallgiesser in Genf und Netstal, der Schlosser in Rorschach und der Arbeiter der Akkumulatorenfabrik in Marly-le-Grand (Freiburg). Die Dauer der Streiks betrug 3, 4, 13, 18, 19 und 67 Tage; beteiligt waren 149 Arbeiter und 20 Geschäfte. In Lohnbewegungen waren 647 Arbeiter in 74 Geschäften verwickelt; in allen Bewegungen wurden insgesamt von den Arbeitern 62 Forderungen aufgestellt, welche Zahl sich wie folgt verteilt: Minimallohnforderungen zehnmal, Aufstellung neuer Werkstattordnungen (wobei immer eine ganze Reihe von Forderungen enthalten war) acht Mal, Verkürzung der Arbeitszeit sechs, Bezahlung oder Zuschlag für Ueberstunden fünf, Lohnerhöhung vier, Freigabe von Kost und Logis vier, je dreimal die

---

2. Um für die Zukunft Vorkommnisse, wie sie zu dem gegenwärtigen Konflikt geführt haben, zu verhüten, erklärt sich die Geschäftsleitung bereit, die erforderlichen Massnahmen zu treffen.

3. Zur Begleichung der z. Z. vorliegenden Beschwerden über das Akkordwesen wird eine Kommission bestellt, welche besteht aus dem Betriebsdirektor und einem weitern Mitglied der Direktion, einem Betriebsbeamten (mit Ausschluss des Herrn W.) und je einem geeigneten, durch die Arbeiterkommission (Ziff. 9 unten) bezeichneten Vertreter (Arbeiter) der verschiedenen Betriebsbranchen.

4. Von der Geschäftsleitung wird eine ständige Kommission eingerichtet, in welcher die Arbeiterschaft eine angemessene Vertretung erhält und welche die Aufgabe hat, vorkommende Reklamationen über die Handhabung des Akkordwesens zu untersuchen und zu erledigen.

5. Beim Arbeiten im Akkord soll der Taglohn wie bisher insofern in Berücksichtigung fallen, als dieser Taglohn in allen denjenigen Fällen ausbezahlt werden soll, in welchen der Akkordlohn denselben ohne Verschulden des Arbeiters nicht erreicht.

Punkt 6, 7, 8 regeln die Wiederaufnahme der Arbeit.

9. Wie bis anhin, so bleibt auch in Zukunft die ständige Arbeiterkommission von Escher, Wyss & Cie. die Vertreterin der Arbeiterschaft gegenüber der Geschäftsleitung und dieselbe wird es sich zu besondern Aufgabe machen, Konflikte wie den Gegenwärtigen zu verhüten.

10. Die Arbeiterschaft erklärt ausdrücklich, dass sie darauf verzichtet, die Krankenkasse irgendwie für den Streik in Anspruch zu nehmen.

[1]) Vgl. S. M. Ztg., 3. Januar 1903:

1. In der Nr. 7 vom 5. Juli 1902 der S. M. Ztg. ist unter dem Titel: „Arbeitsmangel und Entlassung von Arbeitern“ ein Artikel erschienen, in welchem der Firma Gebr. Sulzer der Vorwurf gemacht wird, unter Berufung auf Arbeitsmangel scharenweise Arbeiter entlassen und ins Elend gestossen

Forderungen betreffend Entschädigung von Werkzeugen, bessere Behandlung, Zurücknahme von Kündigungen und Einhaltung gesetzlicher Kündigungsfrist, je zweimal Aushändigung der Akkordbüchlein, Entlassung von Meistern, Vereinbarung der Preise vor Übernahme der Arbeit und Einstellung von mehr Hilfsarbeitern, je zweimal Beschränkung der Zahl der Lehrlinge, Anerkennung der Organisation, Beschäftigung nur organisierter Arbeiter, bessere hygienische Einrichtung und Versicherung gegen Unfall [1]).

Im Jahre 1904 sind vier Streiks zu verzeichnen. In der Giesserei Knöpfel in Arbon hätte die Anerkennung der Organisation durchgesetzt werden sollen (vgl. Kap. III, § 2, lit. d). In Winterthur, Arbon, Aadorf, Uster, streikten die Feilenhauer. Es waren zirka 100 Mann während 10 Wochen beteiligt. Der Streik führte zu einem Tarifvertrag (vgl. Kap. III, § 2, lit. d).

Im Jahre 1905 waren 1640 Mann des Verbandes in Ausstand getreten. Im Gewerbe: die Schlosser in Basel, St. Gallen, Davos, Vevey und Neuenburg. In Basel und Davos taten auch die Spengler mit. Der Streik in Basel beschäftigte stark die Öffentlichkeit und die Polizei war auch genötigt, zum Schutze der Arbeitswilligen einzugreifen. In erhöhtem Masse musste dies geschehen bei den Demonstrationen anlässlich des Streiks in der Giesserei Amstutz & Levin in Rorschach im September 1905 und es musste zum Schutze der zugezogenen französischen Giesser und des Eigentums der Unternehmung und zur Aufrechterhaltung der öffentlichen Ordnung überhaupt, Militär von St. Gallen her beordert werden. Durch vorherige intensive Agitation und durch das Einmischen des

---

zu haben, trotzdem ein Arbeitsmangel gar nicht bestanden habe, vielmehr von der Firma sogar Arbeit ins Ausland vergeben worden sei. Im fernern wurden in dem fraglichen Artikel die behaupteten Entlassungen mit den Kantonsratswahlen in Verbindung gebracht.

2. Dieser Artikel ist, mit einem Kommentar begleitet, im zürcherischen „Volksrecht“ wiedergegeben worden.

3. Herr O. Schneeberger, als verantwortlicher Redaktor der „Metallarbeiterzeitung“ erklärt hiermit, dass die im fraglichen Artikel enthaltenen Anschuldigungen der Firma Gebrüder Sulzer auf Irrtum beruhen und total unbegründet sind. Er nimmt dieselben in vollem Umfange zurück und bedauert das Erscheinen des Artikels in seinem Blatte.

4. Herr Schneeberger übernimmt die Bezahlung der Kosten der Klägerin auf richterliche Bestimmung hin.

Bern, den 26. Dezember 1902.

Namens der Klägerin:	Der Beklagte:
sig. Rüfenacht, Fürsprech.	sig. O. Schneeberger.

[1]) Jahresbericht 1903, S. 4/5.

Zentralvorstandes, der zu den Unterhandlungen Zutritt zu erhalten suchte, den aber die Unternehmung stets auf Anraten des Vereins schweizer. Maschinenindustrieller verweigerte, war die Erregung unter den Arbeitern aufs höchste gestiegen.[1]) Kurz darauf entstand eine ähnliche Bewegung bei der Automobilfabrik Martini & Cie. in St. Blaise; gefordert wurden Minimallöhne, Arbeitsvertrag etc. Als die Firma 15 Arbeitern, welche einen Ausstand vorbereiteten, kündigte, trat derselbe sofort ein. Der Streikparole gehorchten aber nur etwa 25 Organisierte, während 73 Mann bei der Arbeit verblieben. Der Streik ging natürlich verloren und die Firma stellte keinen Streikenden mehr ein, trotzdem diese Unterwerfung anboten. Bei Escher Wyss & Co., Zürich wurden am 14. April 1905 durch eine Spezialkommission der Arbeiter, welche sich auf Gewerkschaftsbeschlüsse berief, Minimallöhne und Arbeitsvertrag gefordert; die Arbeiter ignorierten durch dieses Vorgehen lit. 4 und 9 des Vertrages vom 20. Juni 1902[2]).

Seit Neujahr 1906 hatte sich die Verbandsleitung mit etwa 40 grösseren und kleineren Lohnbewegungen zu befassen, von denen bis heute 8 erledigt sind. Von diesen 8 wurden 4 vollständig zu Gunsten der Arbeiter und 4 mit teilweisem Erfolg erledigt. Im ganzen hatten wir bis heute etwa 15 Streiks an 10 Orten und 520 Beteiligten zu verzeichnen. Von diesen sind 3 erledigt mit 50 Beteiligten (zu gunsten der Arbeiter), 3 Streiks in Basel, St. Blaise und Thun sind vom alten Jahre herübergenommen. Die Ausgaben für Streiks seit 1. Januar betragen bis 15. Februar rund 12,000 Fr. Etwa 1500 Metallarbeiter waren beteiligt[3]).

In der Grossindustrie zog der Verband erst in neuerer Zeit die Aufmerksamkeit der Arbeitgeber in höherem Masse auf sich. Natürlich hatten die Mitglieder des Vereins schweiz. Maschinenindustrieller sich schon früher mit den Postulaten der Fachvereine zu beschäftigen. „Das Verhältnis der Fabrikleitung zu den Arbeitern scheint uns nicht auf dem Wege der Besserung zu sein. Die Organisation von Fachvereinen, mit denen übrigens auch die Arbeit-

---

[1]) „Als sicher darf angenommen werden, dass der Krawall von den dort leitenden Gewerkschaftsführern in dem Umfange, in dem er sich abspielte, nicht beabsichtigt war. Die Agitatoren hatten den Stein ins Rollen gebracht und konnten ihn in seinem Laufe nicht beliebig hemmen." H. Meyer, a. a. O., S. 59/60.

[2]) H. Meyer, a. a. O., S. 6.

[3]) S. M. Ztg., 24. Februar 1906.

geber sympathisieren könnten, wenn sie sich eine wohltätige Fürsorge für die Genossen, für ihre Ausbilduug und Befähigung zu grösserer Leistungsfähigkeit zum Ziele setzen würden, ist vom Standpunkte des Agitationszweckes aus in vollendeter Weise durchgeführt. Leider gelangen in denselben so naheliegende und praktische Dinge, wie die vorbezeichneten, nur nebensächlich oder gar nicht zur Behandlung[1]).“ Vor dem Jahre 1900 waren noch nicht solch scharfe Angriffe der Verbandsleitungen gegen die Maschinenindustriellen erfolgt, wie heutzutage. „Die fortschreitende Organisation der Arbeiterverbände hat ihrerseits neben der grossen Gefahr von missbräuchlichen Ausschreitungen, die sie in sich birgt, doch das Gute, dass die Stellung, die der Arbeiterschaft in der Industrie zukommt, derselben allmählich objektiver zur Erkenntnis gelangt, namentlich da, wo es dieser Organisation gelingt, persönliche gehässige Elemente beiseite zu schieben[2]).“ Seit dem Uzwiler Streik hat sich aber das Verhältnis zwischen der Unternehmerschaft in der Grossindustrie und den massgebenden Persönlichkeiten im Verbande verschlechtert. Heute noch (vgl. § 2, lit. d) wollen die Maschinenindustriellen, resp. die Mitglieder des neugegründeten Arbeitgeberverbandes[3]) von Unterhandlungen mit den Sekretären des S.M.A.V. nichts wissen und halten sich nur an die in den Fabrikordnungen vereinbarten Arbeiterkommissionen. Diese nun werden bei Konflikten durch gewerkschaftliche Spezialkommissionen vielfach umgangen und erfreuen sich nicht der Beliebtheit der Organisierten[4]). Je

---

[1]) Jahresbericht des Vereins schweizer. Maschinenindustrieller pro 1906. Bericht einer Firma.

[2]) Jahresbericht des Vereins schweizer. Maschinenindustrieller pro 1899, Seite 48.

[3]) Der Verband verfolgt folgende Ziele: Förderung eines gedeihlichen Zusammenwirkens von Arbeitgebern und Arbeitern. Schlichtung allfälliger Differenzen und Streitigkeiten auf friedlichem Wege. Bekämpfung von unberechtigten Forderungen der Arbeiterschaft und insbesondere von Arbeitseinstellungen und Sperren, sowie die möglichste Unschädlichmachung ihrer Folgen für die Arbeitgeber.

[4]) „Es hat sich nämlich gezeigt, dass diese von sämtlichen Arbeitern einer Fabrik gewählten Ausschüsse ihre bestimmungsgemässe Aufgabe, die Interessen der Arbeiterschaft zu wahren, möglichst zu erfüllen suchen, dass sie aber nicht bereit sind, für die grundsätzlichen Forderungen des Metallarbeiterverbandes einzustehen, dass sie diese Forderungen überhaupt nicht als im Interesse der Arbeiterschaft liegend anerkennen. So erklärt sich die Erscheinung, dass heute die Arbeitgeber die Arbeiterkommissionen zu fördern suchen, während der Metallarbeiterverband diese Institutionen energisch bekämpft und offen auf deren Abschaffung hinwirkt.“

mehr der S.M.A.V. seine Unterstützungsweisen (vgl. § 6) ausbauen und dadurch viele Mitglieder gewinnen konnte, glaubte er als berechtigter Vertreter der Interessen der Arbeiterschaft auftreten zu dürfen. Leider stellt er sich nach wie vor auf sozialistische Basis, seine Tendenzen, welche auf Umsturz der heutigen Gesellschaftsordnung und Produktionsweise gerichtet sind, sind nicht geeignet, das Vertrauen der Unternehmer zu gewinnen und eine gemeinsame Verhandlung bei Konflikten zu ermöglichen[1]). Auch die Metallarbeiterzeitung lässt es an gewöhnlichen Beschimpfungen des Vereins schweiz. Maschinenindustrieller nicht fehlen, sodass es nicht verwundert, wenn seine Mitglieder sich auch strikte weigern, mit der Verbandsleitung in persönliche Beziehungen zu treten.

§ 5.
Die „direkte Aktion“.[2])

Der Begriff der „direkten Aktion“ ist von den französischen Gewerkschaftern und ihren Theorien nach Genf und der Westschweiz gekommen und ist eine Frage der Taktik. Die Besserstellung der Arbeiterklasse soll nicht durch gesetzliches Paktieren mit dem Unter-

[1]) Vgl. folgende Resolution: „Der am 13. und 14. April in Basel tagende Kongress des Schweizer. Metallarbeiterverbandes erklärt gegenüber den Angriffen des Vereins schweizer. Maschinenindustrieller bezw. dessen Inspirators, Herrn Sulzer-Ziegler und seiner Trabanten, dass er seine Aufgaben: Verbesserung der Arbeitsbedingungen, Verstärkung des Einflusses der Arbeiterschaft auf die Regelung der Produktion und Vorbereitung der Grundlagen für eine neue Ordnung der wirtschaftlichen und staatlichen Einrichtungen, auch in Zukunft unbeirrt und getreulich erfüllen wird.“

Der Kongress dokumentiert aufs neue seine unerschütterliche Solidarität mit den in gleicher Richtung sich bewegenden Organisationen des In- und Auslandes und zwar sowohl auf Grund der sozialistischen Weltanschauung, zu der er sich bekennt, als auch in der Erwägung, dass dem internationalen Kapital eine internationale Organisation der Arbeiter gegenüber gestellt werden muss.

Der Kongress stellt gegenüber den unqualifizierten Angriffen des Herrn Sulzer-Ziegler im Nationalrat auf unsere Angestellten fest, dass dieselben getreu den Intentionen ihrer Auftraggeber gehandelt haben und spricht den Angestellten hiefür das volle Vertrauen und unverhohlene Anerkennung aus.

Ohne sich über die mehr aus sinnloser Wut als aufrichtigem Gerechtigkeitssinn entsprossenen Angriffen des Herrn Sulzer-Ziegler bezüglich des Rorschacher Streiks zu entrüsten, konstatiert der Kongress, dass es bis anhin selbst in ehrlich gesinnten bürgerlichen Kreisen üblich war, derartige Behauptungen auch zu beweisen. Der Verband hat nun Antwort bekommen in der zitierten Broschüre von Dr. Meyer, Rechtsanwalt.

[2]) „Action directe veut dire, action des ouvriers eux-mêmes, action directement exercée par les intéressés. C’est le travailleur qui accomplit

nehmer, durch staatliche Gesetzgebung und gewerkschaftliche Tätigkeit und Wohlfahrtspflege schrittweise erreicht werden, sondern durch die Tat des Individiums selbst, aus dessen eigener Kraft. Wir haben eine Propaganda der Tat, welche revolutionär-anarchistischen Charakter hat. Der Achtstundentag soll erreicht werden, indem der Arbeiter seine Arbeit bloss acht Stunden verrichtet und nach Ablauf dieser Zeit ruhig niederlegt, um sie erst am andern Tage wieder zu beginnen. Ohne Streik, ohne gewöhnliche gewerkschaftliche Bewegung soll der Achtstundentag[1]) errungen werden. Die Propaganda für die „direkte Aktion“ erfolgte besonders in der Westschweiz; aber auch die übrigen Verbandssektionen diskutierten die Frage in ihrer Mitte[2]).

Gegenüber den utopistischen Ansichten machen sich aus der Mitte des Verbandes schwere Bedenken geltend. Vor allem sei der Verband noch nicht so festgefügt und stark, um eine solche Bewegung einzuleiten; sodann würden die Unorganisierten derselben kein Verständnis entgegenbringen und nicht mitmachen, so dass dieselbe unbedingt scheitern müsste. „Gehen wir in Gedanken

lui-même son effort; il l'exerce personnellement sur les puissances qui le dominent pour obtenir d'elles les avantages réclamés. Par l'action directe, l'ouvrier crée lui-même sa lutte, c'est lui qui la conduit, décide à ne pas rapporter à d'autre qu'à lui-même du soin de la libérer.

L'action ouvrière pour nous n'est donc qu'une manifestation continue, faite de nos efforts. Nous disons que la lutte doit être de tous les jours et que son exercice appartient aux intéressés. Il y a par conséquent à nos yeux une pratique journalière qui va chaque jour grandissant jusqu'au moment où, parvenue à un degré de puissance supérieure, elle se transformera en une conflagration que nous dénommons grève générale et qui est la révolution sociale.“ Aus den Schriften von Griffhuels, Sekretär der Confédération générale du travail en France. S.M.Ztg. Nr. 42, 1905

[1]) Die Befürworter der „Direkten Aktion“ zerfallen unter einander wieder je nach ihren Ansichten in verschiedene Gruppen. „Comme nous le verrons, les uns veulent de suite ou peu à peu remplacer toute organisation ouvrière permanente; les autres veulent par ce moyen remplacer l'action politique parlementaire, c'est-à-dire ils disputent à l'état le droit de s'initier dans les affaires ouvriers. Le troisième groupe enfin considère l'action directe comme moyen propre à faciliter dans certaines circonstances aux travailleurs à améliorer leurs conditions de travail et d'existence, ou à se défendre contre les attaques subites du patronat ou d'un gouvernement réactionnaire.“ S. M. Ztg. Nr. 42, 1905.

[2]) Zu welchen Hoffnungen man sich verleiten lässt, mag folgende Stelle (S.M.Ztg. Nr. 42, 1905) beweisen: „Les uns espèrent par l'action directe pouvoir pousser les masses ouvrières dans cette lutte violente entre capital et travail, bourgeois et prolétaires de laquelle ils attendent la libération du prolétariat.“ Dazu hätten hauptsächlich drei Faktoren das Auftreten der „Direkten Aktion“ begünstigt:

einer solchen Aktion nach, was finden wir?[1]). Am 2. Mai 1906 (bekanntlich arbeiten wir am 1. Mai nicht) legen die Arbeiter überall in der Schweiz nach achtstündiger Arbeit dieselbe nieder. Das vereinigte Kapital beschliesst, den Arbeitern ein Ultimatum zu stellen, entweder ihr arbeitet solange täglich, wie wir vertraglich abgemacht haben oder ihr könnt gehen. Es kommt also zu einer grossen Aussperrung. Wollten die Zentralverbände ihre ausgesperrten Mitglieder unterstützen, so hätten wir in einer kurzen Zeit keine Mittel, denn diese würden nicht gar lange ausreichen. Ohne Geld ist es jedoch schwer, einen Kampf zu führen, das sehen wir überall. Wo kleine Beiträge erhoben werden, ist die Organisation nicht fähig, das zu leisten, was bei grossen Beiträgen; also ohne Mittel würden die Mitglieder entweder gezwungen sein, zu den alten Bedingungen die Arbeit wieder aufzunehmen, oder sich die Mittel mit Gewalt zu verschaffen. Das erstere bedeutet einen Zusammenbruch der Organisation, das letztere offene Revolution. Das Zertrümmern einer zentralen Organisation, die mit viel Mühe und Arbeit aufgebaut wurde und die zur Verbesserung der Arbeits- und Lohnverhältnisse so viel wie in ihrer Macht lag, beigetragen hat, wäre für die Sache der Arbeiter ein Rückschlag um 10 Jahre. Über das zweite, die Revolution, braucht man sich nicht lange aufzuhalten. Solange nicht der grösste Teil des Proletariats unser Ziel zu dem seinen gemacht hat und bereit ist, für die Sache zu sterben, ist jede Revolution vergebens. Wohl haben wir ja eine schöne Anzahl zielbewusster Kollegen, die gern ihr Leben für die Sache zu opfern bereit sind, aber ihr Opfer würde ein vergebliches sein, der Sache würden sie damit nichts nützen."

---

1. Der Umstand, dass der tägliche Kleinkampf der Organisation um Lohnerhöhungen und kleinere Verkürzungen der Arbeitszeit selbst in günstigen Fällen die ökonomische Lage der Arbeiter nicht wesentlich gebessert hat, sondern ausgeglichen wurde durch die Steigerung der Lebensmittelpreise und die erhöhten Anforderungen, die nach minimen Verkürzungen der Arbeitszeit an die Arbeiter gestellt wurden.

2. die naturgemässerweise schwache parlamentarische Vertretung der Arbeiterschaft, die einmal bedingt ist durch die ökonomischen Verhältnisse der Schweiz (60% Bauern, 40% Bourgeoisie, Kleinburger und Proletariat), andererseits durch die Skrupellosigkeit, mit der sich das Unternehmertum über jede gesetzlich gezogene Schranke hinwegsetzt.

3. der Skeptizismus, mit der man der deutschen Arbeiterbewegung gegenübersteht, die trotz glänzender Mitgliederzahlen und schöner Kassenbestände grosse Niederlagen aufzuweisen hat. S.M.Ztg. Nr. 49, 1905, Beiblatt.

[1]) S.M.Ztg. Nr. 31, 1905.

Den revolutionär-anarchistischen Elementen ist eben eine stramme gewerkschaftliche Disziplin gar nicht willkommen. Für den Verband wird es aber eine Hauptaufgabe sein, seine Einrichtungen zur Wohlfahrt der Mitglieder, seine finanzielle Leistungsfähigkeit noch mehr zu befestigen und auszubauen und von den „Kinderphantasien der mangelhaft organisierten Arbeiterschaft[1])“ dem Generalstreik und der direkten Aktion noch abzusehen. In letzter Zeit ist diese Ansicht innerhalb des Verbandes immer mehr zur Geltung gekommen[2]). Auch der Kongress des S.Gew.B. 1906 in Basel hat sich entschieden gegen die direkte Aktion ausgesprochen.

§ 6.

Das Unterstützungs- und Bildungswesen des Verbandes.

a. *Die Beiträge.*

Die Organisation der Metallarbeiter in der ersten Zeit ihres Bestehens war hauptsächlich eine Vereinigung zum Kampfe. Man sah es als prinzipienwidrig an, Wohlfahrtseinrichtungen für arbeitslose, kranke und alternde Mitglieder einzuführen und suchte alle diesbezüglichen Anregungen als konservativ, nur zur Untergrabung des Klassenbewusstseins geeignet, zu brandmarken. Auch hatten die ausländischen Arbeiter, die nur kurze Zeit im Verbande aktiv waren, höchstens ein Interesse an einer guten Wanderunterstützung, aber nicht an weitern Wohlfahrtseinrichtungen, die für eine ständige

---

[1]) Wo wollen wir hin? H. Greulich, S. 37. Vgl. weiter S. 36: „Dadurch glaube ich mich auch berechtigt zu erklären, dass die praktischen Anarchisten stets arge Organisationsverderber waren und namentlich die Gewerkschaften mit ihrer Konfusion geschädigt haben. Sie vermischen ihre Vorstellungen von der Zukunftsgesellschaft mit den Anforderungen, die der Kampf für die Vorbereitung einer bessern Zukunft stellt, der vorläufig auf eine Hebung der Lebenshaltung und dann auf die Kräftigung der Arbeiterklasse für höhere geschichtliche Aufgaben gerichtet ist.“

[2]) So sprach sich auch die Sektion Zürich gegen die „Direkte Aktion“ aus. „Dieses Resultat ist ein umso erfreulicheres, wenn man bedenkt, dass die Anarchisten ihren Einfluss beim Metallarbeiterverband immerwährend geltend machen wollten. Die Antwort, welche dieselben nunmehr erhalten haben, lässt an Deutlichkeit nichts zu wünschen übrig und hoffen wir nur, sie werden anlässlich der Behandlung der antimilitärischen Liga, die demnächst kommen wird, in zweiter verbesserter Auflage folgen. Ja noch mehr: Es ist höchst an der Zeit, dass unsere Sektion fortfährt, mit dem eisernen Besen auszukehren. Gelänge es den Anarchisten, Boden zu gewinnen, sie würden in unserer Gewerkschaftsbewegung gerade so verheerend wirken, wie die Reblausherde in einem Weinberge.“ S.M.Ztg. Nr. 50. „Die Beerdigung der „Direkten Aktion in Zürich“.

Arbeiterschaft angemessen und nützlich gewesen wären. Bei der grossen Mitgliederbewegung, welche innerhalb des Verbandes herrschte, war es auch schwer, von den Leuten einigermassen bedeutende Beiträge in ordentlicher Weise zu erhalten. Nach den Statuten von 1892 Art. 7 ist jede Sektion verpflichtet, pro Mitglied und pro Vierteljahr 75 Cts. zu entrichten, und hievon fallen 60 Cts. dem Gewerkschaftsbund, 10 Cts. dem Zentralverband für Verwaltung und Agitation und 5 Cts. der sozialdemokratischen Parteileitung zu. Bei Krankheiten, unverschuldeter Arbeitslosigkeit, Militärdienst, Familiennotfällen können die laufenden Monatsbeiträge von den Sektionsvorständen gestundet werden. Bald aber sah man ein, dass diese Beiträge zu niedrig waren, die Organisation ihren Mitgliedern nichts bieten konnte. Am Kongress in Basel 1897 wird jede Sektion verpflichtet, pro Mitglied und Quartal 90 Cts.[1]) an die Zentralkasse zu entrichten. Zur Orientierung über die finanzielle Leistungsfähigkeit des Verbandes und seiner Sektionen verweisen wir auf beigefügte Tabelle VII. In vielen Gewerkschaften schien noch lange Zeit wenig Sinn und Verständnis für einen geregelten Finanzhaushalt vorhanden zu sein[2]).

Bei den Sektionen ist die finanzielle Leistungsfähigkeit verschieden. So wurden 1900[3]) Beiträge erhoben in

13	Sektionen	50	Cts.	pro	Monat
30	„	60	„	„	„
2	„	65	„	„	„
20	„	70	„	„	„
1	Sektion	75	„	„	„

In	1	Sektion	für	Verheiratete	50	Cts.,	für	Ledige	70 Cts.
„	1	„	„	„	50	„	„	„	80 „
„	1	„	„	„	50	„	„	„	90 „
„	1	„	„	„	1.50	„	„	„	1.60 Fr.

[1]) Davon fliessen wie früher 60 Cts. dem Gewerkschaftsbunde, 10 Cts. dem Zentralvorstand für Agitation und Verwaltung, 5 Cts. der sozialdemokratischen Partei und 15 Cts. dem Wanderunterstützungsfonds zu.

[2]) „Die Geschäftsführung und Verwaltung ist zuweilen in einem geradezu bedenklichen Zustande. Die Führung des Protokolles, des Kassabuches, der Bibliothek und dgl. ist eine derartige, dass man nur mit vieler Mühe am Ende des Jahres einen Jahresabschluss fertig bringt. Unsere Statistik über die Kassaverhältnisse zeigt dies ganz deutlich. Man weiss am Ende des Jahres allerdings, was man im ganzen ausgegeben hat, aber für welche Zwecke das Geld ausgegeben wurde, weiss man nicht, und das wäre doch ebenso wichtig." Bericht der Zürcher-Arbeitskammer, S. 33 pro 1898.

[3]) Protokoll des Kongresses in Winterthur pro 1900, S. 19.

Am Kongress in Winterthur 1900 wurde beschlossen, 60 Cts. pro Monat an den Verband zu zahlen und seit 1902 wurde die wöchentliche Beitragspflicht eingeführt. Der ordentliche[1]) Beitrag ist für männliche Mitglieder 30 Rp., für weibliche Mitglieder 15 Rp. pro Woche (Art. 10 d. Stat.).

Mit der Erhöhung der Beiträge nahm der Verband einen erhöhten Aufschwung, es gelang, die noch zu besprechenden Wohlfahrtseinrichtungen einzuführen und dadurch auch die einheimischen Arbeiter besser heranzuziehen und am Verbande zu interessieren[2]).

„Die grundsätzliche Frage, ob eine Arbeiterorganisation sich mit dem Unterstützungswesen befassen darf oder soll, ist ja längst entschieden, auch für unsern Verband, darüber streiten wir uns heute nicht mehr. Seit dem letzten Kongress hat sich der Verband so entwickelt, dass selbst die Hoffnungen der stärksten Optimisten übertroffen worden sind. Sowohl finanziell wie in der Mitgliederzahl sind wir vorwärts gekommen und nicht trotz, sondern wegen den vom letzten Kongress beschlossenen Änderungen. Wenn die Unglückspropheten von 1902 noch Anhänger fanden, oder doch bei vielen Zweifel in die Zweckmässigkeit und Durchführbarkeit der beantragten und dann auch beschlossenen Änderungen erwecken konnten, so ist das heute nicht mehr möglich und kein einziges Mitglied denkt heute daran zum alten Zustand mit der Fachsimpelei und der „reinen Kampforganisation“ zurückzukehren.“

Um die Mitgliederbeiträge richtig einziehen zu können, hatte man das System der Einkassierung in den Versammlungen, dann dasjenige der Werkstattkassierung befolgt. Gegenwärtig wurde an einigen Orten die Hauskassierung eingeführt, weil man damit eine gute Mitgliederkontrolle in der Hand hat, jede Abreise und Wohnungsänderung sofort bekannt geben und auch zweckmässige Agitation betreiben kann[3]).

---

[1]) Dies der Beitrag an den Zentralvorstand. Die Sektionen setzen die Beiträge für ihre Mitglieder in der Weise fest, dass sie nach Ablieferung des Beitrages an die Zentralkasse die Ausgaben für die Verwaltung und Beiträge an die Lokalorganisation bestreiten können. (Art. 10, Abs. 1).

[2]) S. M. Ztg. 1904, 13. II.

[3]) „Auch der Widerspruch der Frauen gegen den Eintritt der Männer in die Organisation kann am besten paralisiert werden durch mündliche Widerlegung und durch Aufklärung derselben durch die Hauseinzüger.“ Jahresbericht pro 1904, S. 12.

b. *Die Arbeitslosenunterstützung.*

Die Arbeitslosenunterstützung wird als Reisegeld oder Ortsunterstützung ausbezahlt. (Art. 17 a. d. Stat. 1902).

α) *Die Reiseunterstützung.*

Die Reise- oder Wanderunterstützung ist die älteste[1]) Unterstützungseinrichtung des Verbandes. Gerade in der Schweiz empfand man das Bedürfnis, eine solche einzurichten; da ein so grosser Teil der organisierten Arbeiterschaft aus Ausländern bestand. Aber weil die schweizerischen Gewerkschaften von den Ausländern in hohem Masse[2]) in Anspruch genommen wurden, erhoben sich bald Stimmen, welche eine Ausgleichung durch Differenzenzahlen seitens der Organisationen des Auslandes forderten. Deshalb suchte man stets nach einem bessern System[3]), bis endlich ein Reglement vom Jahre 1897 und eine Instruktion für die Ortskassiere vom Jahre 1898 die Sache einheitlich regelten. Darnach wird die Höhe der Unterstützung festgesetzt fur Lausanne, Winterthur, Basel und Chaux-de-Fonds auf 70 Cts., für Bern, Genf und Zürich auf 80 Cts. und für alle übrigen Orte auf 50 Cts. Die Anzahl der Zahlstellen wird vom Zentralvorstand festgesetzt auf Verlangen der Sektionen.

---

[1]) Am internat. Metallarbeiterkongress in Zürich wurde beschlossen:

1. Die Reiseunterstützung ist in allen beteiligten Ländern obligatorisch zu erklären.

2. Die organisierten Metallarbeiter sind bei ihrem Betreten eines mitbeteiligten Landes als Mitglieder der betreffenden Landesorganisation zu behandeln, insofern nachweisbar konstatiert werden kann, dass dieselben mindestens 6 Monate hindurch die Beiträge bezahlt haben.

3. Die Reiseunterstützung soll nach Distanzen einheitlich geregelt werden. Für mehr belastete Länder soll ein Ausgleich vorgenommen werden. (Protokoll des internat. Metallarbeiter-Kongresses, 11. Aug. 1893).

[2]) 1896 wurden Fr. 196.75 für Inländer; Fr. 467.20 für Ausländer bezahlt.

[3]) In der A. St. 16. XI. 1895 werden folgende diesbezügliche Vorschläge gebracht:

1. Die Reiseunterstützung ist obligatorisch sowohl für die Angehörigen des S.M.A.V. wie für die Angehörigen solcher ausländischer Organisationen, welche sich vertraglich zur Auszahlung der vom S.M.A.V. geleisteten Mehrbeträge verpflichtet haben.

2. Diese geleisteten Mehrbeträge sind vom Verbandskassier den ausländischen Organisationen halbjährlich in Rechnung zu bringen.

3. Im Gegensatz zu den Organisationen des Auslandes (welche die Wanderunterstützung nach zurückgelegten Kilometern berechnen) und im Gegensatz zu den Beschlüssen des internat. Metallarbeiterkongresses 1893 (welcher für alle Länder einheitliche Distanzen bei der Berechnung der Reiseunterstützung beschloss) wird von allen Sektionen unseres Verbandes eine einheitliche Norm als Unterstützungssumme festgestellt.

Als Ortskassiere sollen Leute mit festem Wohnsitz gewählt werden. Die Auszahlung der Unterstützung soll nicht in einer Wirtschaft erfolgen. Zur Kontrolle dienen die Reiselegitimationen und die diesbezüglichen Eintragungen in den Rubriken des Mitgliedsbuches und die vom Zentralvorstand an die Ortskassiere gelieferten Kontrollbücher.

Eine neuere Verordnung[1]) normiert den Höchstbetrag des Reisegeldes für Mitglieder ausländischer Vereine auf Fr. 20. Mit der im Auslande bezogenen Unterstützung darf der Höchstbetrag, der sich nach der Dauer der Mitgliedschaft richtet, folgende Summen nicht übersteigen:

Nach	einjähriger	Mitgliedschaft	Fr. 52.50	(42 Mk.)
„	zweijähriger	„	Fr. 61.25	(49 Mk.)
„	dreijähriger	„	Fr. 70.—	(56 Mk.)
„	vierjähriger	„	Fr. 78.25	(63 Mk.)
„	fünfjähriger	„	Fr. 87.50	(70 Mk.)

Auf einer Reisetour ist ein Mitglied nur zum Bezuge der Hälfte obiger Beträge berechtigt, also je nach der Dauer der Mitgliedschaft Fr. 26.25 etc. Ist dieser Betrag erreicht, so wird vom letzten Erhebungstage an 3 Monate keine Unterstützung mehr bezahlt.

Nach dem jetzt in Kraft stehenden Reglement über das Unterstützungswesen (1903) muss jedes Mitglied, welches Anspruch auf Unterstützung haben will, dem Verbande wenigstens ein Jahr angehört und muss 52 Wochenbeiträge bezahlt haben. Für die Höhe der Unterstützung ist die Dauer der Mitgliedschaft, resp. die Zahl der geleisteten Wochenbeiträge massgebend und beträgt nach einer Mitgliedschaftsdauer von

1 Jahr	(52 Wochenbeiträge)	im	Max.	per	Jahr	Fr.	42.—
2 Jahren	(104 Wochenbeiträge)	„	„	„	„	Fr.	50.—
3 „	(156 Wochenbeiträge)	„	„	„	„	Fr.	58.—
4 „	(208 Wochenbeiträge)	„	„	„	„	Fr.	67.—
5 „	(260 Wochenbeiträge)	„	„	„	„	Fr.	75.—

Die tägliche Unterstützung beträgt für die Mitglieder aller fünf Klassen Fr. 1.

Auf einer Reisetour wird auch nur die Hälfte der Maximalbeträge ausbezahlt. Anf der gleichen Zahlstelle kann nicht mehr

---

[1]) Abänderung von Art. 10 und 11 des Wanderunterstützungsreglementes (1897) betreffend die Auszahlung des Reisegeldes an Mitglieder ausländischer Verbände vom 10. Oktober 1901.

als für zwei Tage, also nicht über Fr. 2 Unterstützung bezogen werden.

Wenn ein Mitglied auf die Reise geht, so hat dasselbe sich beim Sektionsvorstand abzumelden und alle rückständigen Beiträge zu bezahlen. Erst dann erhält es eine Reiselegitimation, welche zum Bezuge der Unterstützung berechtigt. An Mitglieder, die infolge von Streik, Massregelung, Aussperrung abreisen müssen, aber noch nicht bezugsberechtigt sind, kann auf Antrag des Sektionsvorstandes vom Zentralvorstand das Recht zum Bezuge der Unterstützung gewährt werden. In Orten, welche für einzelne Branchen gesperrt sind, wird vom vierten Tage nach erfolgter Publikation im Verbandsorgan den Reisenden der betreffenden Branche keine Unterstützung verabfolgt. Ist ein Ort für alle Branchen gesperrt, so wird bis nach erfolgter Aufhebung der Sperre die Zahlstelle ganz geschlossen.

Weibliche Mitglieder beziehen die gleiche Tagesunterstützung, jedoch ist der innert Jahresfrist zu beziehende Betrag auf die Hälfte reduziert, also auf Fr. 21, 25, etc. oder auf einer Reisetour auf Fr. 10.50 etc.

Gleichberechtigt wie die Mitglieder des schweizer. Verbandes zum Bezug der Reiseunterstützung sind die Mitglieder derjenigen ausländischen Organisationen, welche Gegenrecht halten [1]). Die Höhe der Unterstützung richtet sich nach den schweizer. Bestimmungen. Zur Darstellung der Ausgaben der Reiseunterstützung fügen wir Tabelle V bei.

β) Die Ortsunterstützung.

Anspruch auf dieselbe hat jedes Mitglied, welches ein Jahr dem Verbande angehört und 52 Wochenbeiträge bezahlt hat, im Falle von Arbeitslosigkeit.

Die Versicherung gegen Arbeitslosigkeit wurde am Kongress 1902 in Bern beschlossen. Eine Meinung ging dahin, dass der Staat und das Unternehmertum durch Initiative gezwungen werden sollten, die Arbeitslosenversicherung einzuführen und zu bezahlen[2])

---

[1]) Als solche kommen nach dem Reglement 1903 in Betracht: Die Mitglieder des deutschen Metallarbeiter-Verbandes (welche der obersten Beitragsklasse mit 50 Heller Wochenbeitrag angehören); des Unterstützungsvereins der Kupferschmiede Deutschlands; des deutschen Schmiede-Verbandes; die Wagner, welche dem deutschen Holzarbeiterverband angehören.

[2]) Protokoll über den Kongress 1902, S. 89.

Da sich aber der Staat aus bekannten Schwierigkeiten [1]) noch nicht so bald geneigt zeigen wird, diese Versicherung durchzuführen, oder zu unterstützen, beschloss der Verband, für seine Mitglieder das Institut einzurichten aus eigenen Mitteln. — Man verhehlte sich aber nicht, dass bei einigermassen starken Entlassungen die Kasse sofort ruiniert würde, auch seien die Löhne niedrig, so dass der Arbeiter nicht viel für die Kasse zahlen könne. Doch wurde der Verband in den folgenden Jahren bei der guten Geschäftslage von solchen Krisen verschont und heute steht die Kasse ziemlich gefestigt da.

Die Ortsunterstützung wird während der Dauer eines Jahres für 42 Tage bezahlt und beträgt bei einer Mitgliedschaftsdauer von

1 Jahr	per Tag Fr. 1.—	per Woche Fr. 6.—	Fr. 42.—
2 Jahren	„ „ „ 1.20	„ „ „ 7.20	„ 50.40
3 Jahren	„ „ „ 1.40	„ „ „ 8.20	„ 58.80
4 Jahren	„ „ „ 1.60	„ „ „ 9.60	„ 67.20
5 Jahren	„ „ „ 1.80	„ „ „ 10.80	„ 75.80 [2]).

Wird ein Mitglied arbeitslos, so hat es sich beim Verwalter persönlich als arbeitslos anzumelden, unter Vorweisung seines Mitgliedsbuches, seines Entlassungsscheines (Arbeitszeugnis vom letzten Arbeitgeber) und eines vom Sektionsvorstand ausgestellten Kontrollformulares. — Das Mitgliedsbuch soll streng geprüft werden und wenn sich die Bezugsberechtigung des Besitzers ergibt, so wird derselbe auf den „Arbeitslosenetat" aufgenommen, und hat sich täglich wenigstens einmal beim Verwalter zu melden [3]). Der Arbeitslose wird erst vom siebenten Tage nach der Anmeldung bezugsberechtigt; die ersten 6 Tage werden nicht bezahlt.

---

[1]) Vgl. Methode und Ergebnis der Arbeitslosenstatistik in Zürich, Osmer Zürich 1902. „Vor allem schwierig für die Arbeitslosenversicherung ist die Frage, wer als unterstützungsberechtigter Arbeitsloser anzusehen ist, dann ist schwierig die Durchführung der Kontrolle der Unterstützten und schliesslich die in allen Plänen durchaus notwendig geforderte Zwangsarbeitsanweisung. Aber Zuwendungen aus öffentlichen Mitteln würden — wenn wirklich der Widerstand der Regierungen überwunden wäre — ein Überwachungssystem notwendig machen, das die Gewerkschaften abweisen müssten, wenn sie nicht in ihrer Entwicklung bedroht werden wollten."

[2]) In die erste Unterstützungsklasse wird eingereiht, wer mehr als 52, aber weniger als 104, in die zweite Klasse, wer mehr als 104, aber weniger als 156, in die dritte Klasse, wer von 156 bis 208, in die vierte Klasse, wer 208 bis 260 und in die fünfte Klasse, wer mehr als 260 Wochenbeiträge bezahlt hat.

[3]) Die Zeit der Meldung muss so bestimmt werden, dass sie in die übliche Arbeitszeit fällt.

Wenn sich ein Unterstützungsbezüger weigert, ihm unter annehmbaren Bedingungen nachgewiesene Arbeit anzunehmen, so ist ihm jede weitere Unterstützung zu verweigern. Wer nicht wegen Familienrücksichten gehindert ist, den Ort zu verlassen, kann von der Kontrollkommission dazu angehalten werden, sofern sich am Orte keine Arbeit findet.

Weibliche Mitglieder erhalten die gleiche Tages- oder Wochenunterstützung, doch wird die Unterstützungsdauer auf die Hälfte 21 Tage per Jahr reduziert und es beträgt der Maximalbetrag der innert 12 Monaten zu beziehenden Unterstützung Fr. 21—25.50 etc.

Im übrigen gelten ähnliche Grundsätze wie für die Reiseunterstützung. Die Auszahlung der Unterstützung kann nur an dem Orte erfolgen, in welchem das Mitglied arbeitslos geworden ist und zwar muss dasselbe wenigstens 6 Wochen in dem Orte gearbeitet haben.

Die Auszahlung der Unterstützung wird einem Verwalter [1]) (Auszahler) übertragen; mit dem Verwalter ist eine Kommission, aus 5 Mitgliedern bestehend, zu wählen [1]). Der Zentralvorstand hat das Recht die Wahl des Verwalters zu genehmigen. Es soll möglichst ein solches Mitglied gewählt werden, das mit einer einfachen Buchhaltung vertraut ist und den Ort voraussichtlich nicht so bald verlässt. Der Zentralvorstand hat auch das Recht, einen Verwalter, der seine Geschäfte nachlässig besorgt, zu entsetzen.

c. *Rechtsschutz und Unterstützung in besondern Notfällen.*

α) Rechtsschutz. Mit der Bewilligung von Rechtsschutz ermöglicht der Verband einem Mitglied die Führung eines Prozesses durch Gewährung der nötigen Kautionen an die Gerichte und den Verteidiger [2]).

---

[1]) Wo nur eine Sektion besteht, können die Funktionen des Verwalters und der Kommission dem Vorstande übertragen werden. Die Kommission soll die Geschäftsführung des Verwalters beaufsichtigen.

[2]) Vergl. Art. 21 d. Stat. 1902. „Wird gemäss Art. 2, Abs. g durch einen Sektionsvorstand für ein Mitglied ein Gesuch um Rechtsschutz eingereicht, so hat derselbe alle hierbei in Betracht fallenden Umstände genau zu schildern und das Mitgliedsbuch einzusenden. — Wenn ein Prozess ohne Vorwissen des Sektionsvorstandes eingeleitet oder ohne Einverständnis des Zentralvorstandes über die erste Instanz hinaus weitergeführt worden ist, so wird aus Verbandsmitteln kein Beitrag gewährt; ebenso wenig für Streitigkeiten, in welche ein Mitglied verwickelt war, bevor es dem Verband angehörte.

Für Gewährung von Rechtsschutz ist eine Karenzzeit von 3 Monaten erforderlich, ausgenommen in Fällen wegen agitatorischer oder organisatorischer Tätigkeit.

Die Sektionsvorstände haben dem Zentralvorstand über die jeweilige Sachlage Bericht zu geben, bevor derselbe Rechtsschutz gewährt. Da oft kleine Streitpunkte zu grossen Prozessen führen, die für den Verband grosse Auslagen hervorrufen können, so wird den Berichterstattern ein möglichst vorsichtiges und objektives Verhalten empfohlen. Es ist zu beachten, dass Rechtsschutz nur für solche Fälle gewährt wird, die aus dem Arbeitsverhältnis hervorgehen (für Haftpflicht wegen ungesetzlicher Entlassung, ungesetzlichen Lohnabzügen etc.) und für solche Rechtsstreitigkeiten, in welche ein Mitglied infolge seiner Tätigkeit für den Verband verwickelt wird. Erhält das Mitglied seine Forderung zugesprochen, hat aber gleichzeitig einen Teil der Kosten[1]) zu tragen, so sind dieselben, soweit die ihm zugesprochene Forderung ausreicht, aus derselben zu decken. Wenn die dem Mitglied erwachsenen Kosten die zugesprochene Forderung übersteigen, so übernimmt der Verband den Mehrbetrag derselben, so dass das Mitglied nicht finanziell zusetzen muss[2]).

In den Zeiten geschäftlicher Krise treten häufiger Begehren um Rechtsschutz auf als bei gutem Geschäftsgang. Im Jahre 1901 kamen 49, 1902 9 und 1903 11 Fälle vor[3]). Vier der letzten 11 bewilligten Begehren betrafen die Haftpflicht, 4 ungesetzliche Kündigung, 1 Gesuch Lohnzurückhaltung, 1 Kreditschädigung und 1 Übertretung der Polizeivorschriften während eines Streiks.

Der Verband gab für Rechtsschutz aus:

1901=Fr. 1414.85, 1902=Fr. 767.20, 1903=Fr. 491.59,
1904=Fr. 1199.57, 1905=Fr. 1664.75.

---

[1]) Z. B. ein Mitglied stellt in einem Haftpflichtfall eine Forderung von Fr. 2500. Das Gericht spricht eine Entschädigung von Fr. 2050 zu und überbindet ihm die Hälfte der Gerichtskosten mit Fr. 65, sowie die Kosten seines Anwaltes mit Fr. 145. Das Mitglied hat nun in diesem Fall diese Fr. 210 selber zu zahlen, resp. sich dieselben von den zugesprochenen Fr. 2050 in Abzug bringen zu lassen. Der Verband wird in diesem Fall die von ihm geleisteten Kostenvorschüsse zurückverlangen.

[2]) Ein Mitglied erhält Rechtsschutz wegen Entlassung ohne Kündigung und verlangt Fr. 55 Entschädigung. Der Zentralvorstand leistet einen Gerichtsvorschuss von Fr. 20 und einen Kostenvorschuss an den Anwalt von Fr. 30. Das Mitglied wird nun aber vom Gericht mit seiner Forderung abgewiesen und hat sämtliche Kosten im Betrage von Fr. 60 zu bezahlen. In diesem Falle trägt der Verband dieselben ganz.

[3]) Bericht des Zentralvorstandes pro 1903, S. 7.

β) Unterstützung in besondern Notfällen.

Wenn Mitglieder durch besondere Umstände ohne eigenes Verschulden in Not geraten und nicht statutengemäss Anspruch auf andere Unterstützung haben, so kann ihnen vom Zentralvorstand solche gewährt werden gemäss Art. 22 und 23 der Statuten[1]). Unterstützungsbedürftig sind lange Krankheit eines Mitgliedes oder seiner Familienangehörigen, Arbeitslosigkeit wegen Massregelung oder aus sonst unverschuldeten Ursachen, Unglück durch Brand etc. — Die Unterstützung ist gewöhnlich eine einmalige und die Höhe derselben ist in das Ermessen des Zentralvorstandes gestellt. — Bei gänzlicher Mittellosigkeit, grosser Familie und grosser Entfernung werden ausnahmsweise auch Beträge an Umzugskosten bezahlt.

Im Jahre 1902 wurde diese Unterstützung in 67 Fällen mit Fr. 1783.—; im Jahre 1903 in 54 Fällen mit Fr. 1411.30 gewährt[2]).

1904 = Fr. 2790.50.
1905 = Fr. 3448.75.

d. Unterstützung bei Krankheit und in Sterbefällen.

α) Die projektierte Alters- und Sterbekasse.

Ende der Neunziger-Jahre wurde innerhalb des Verbandes die Möglichkeit studiert, ob eine Alters- und Sterbekasse für die Mitglieder einzuführen wäre. — Sehr viele Arbeiter waren zumeist schon in den verschiedenen Fabrikkrankenkassen versichert. Aber mit der Einführung spezieller Verbandskassen hoffte man die Mit-

---

[1]) Art. 22. Bei Unterstützungsgesuchen für besondere Notfälle (Krankheit, unverschuldete Arbeitslosigkeit, Massregelung etc. Art. 2, litt. h.) ist seitens des Sektionsvorstandes eine genaue Schilderung der familiären Verhältnisse des Mitgliedes, wie der örtlichen Verhältnisse einzusenden, ebenso ein Antrag betreffend die Höhe der Unterstützungssumme und das Mitgliedsbuch. Art. 23 betrifft die Krankenunterstützung.

[2]) Von diesen 54 Gesuchen betreffen 22 Unterstützung an Umzugskosten, 12 Krankheit, 9 Arbeitslosigkeit, die andern Arbeitslosigkeit und Krankheit zusammen. „Es scheint sich nach und nach die Praxis herausbilden zu wollen, bei jedem Umzug den Verband in Anspruch zu nehmen. Wir waren denn auch mehrmals in der Lage, solche Gesuche abweisen zu müssen, weil dieselben nur bewilligt werden können, wenn mit dem Umzug zugleich eine Notlage des betreffenden Mitglieds vorliegt." a. a. O., S. 8.

glieder besser an die Organisation fesseln zu können[1]). Auch ergab die sehr grosse Sterblichkeit[2]) der Metallarbeiter gegen aussen wohl die Berechtigung, auf die Nützlichkeit und wohltätige Wirkung des projektierten Institutes bestimmte Erwartungen zu setzen. Man glaubte mit einer Alters- und Sterbekasse auf weniger Opposition zu stossen, als mit einer Arbeitslosen- oder Krankenunterstützung. Bemerkenswert ist der Plan, wie man die Mittel der Kasse nutzbringend anzulegen gedenkt[3]). „Wir denken auch daran, mit Hilfe dieses Geldes uns in den Besitz von Aktien von allen in der Schweiz befindlichen Aktien-Unternehmungen der Metallindustrie zu setzen. Erstens rentieren dieselben ja und wir können dann die Herren in ihren Geschäftspraktiken kontrollieren und direkt vor ihnen die Forderungen und Wünsche der Arbeiter vertreten, ohne vor der Tür warten zu müssen oder vom Portier fortgeschickt zu werden. Im dänischen Metallarbeiterverband ist das schon längst durchgeführt, und diesem Umstande verdanken die dänischen Kollegen zum Teil ihren grossen Einfluss auf das

---

[1]) „So wie jetzt kann und soll es nicht bleiben. Schon bei Ausarbeitung des letzten Jahresberichtes drängte sich uns die Frage auf, was wohl der Grund sei, dass dem Zuwachs von 2820 Mitgliedern ein Abgang von 1627 gegenüber stehe. Man kommt zu keinem andern Urteil, als dass die Mitglieder am Verband materiell zu wenig interessiert sind. Solange die Beiträge bloss ausreichen für Verwaltung und ein bischen Agitation und den Mitgliedern sonst nichts geboten werden kann, als höchstens ein paar Wochen Streikunterstützung, die man erst zusammenbetteln muss, solange ist es auch erklärlich, dass die Masse der Metallarbeiter einer solchen Organisation kühl gegenüber steht.“ (Aus dem Begleitschreiben des Zentralvorstandes zu dem Reglemente für die Alters- und Sterbekasse. Bern, 10. Dez. 1899.)

[2]) Vergl. Ehe, Geburt und Tod in der schweizerischen Bevölkerung während der zwanzig Jahre 1871—90. Schweiz. Statistik, 137. Lieferung, S. 27 und 72. „Es kamen Sterbefälle auf je 10,000 lebende Männer im Alter von 15 und mehr Jahren im jährl. Durchschnitt bei der Eisengiesserei, Maschinen- und Mühlenbau im ganzen 144, wegen Lungentuberkulose 43, Selbstmord 5, Verungl. 5, bei den Schlossern im ganzen 254, Lungentuberkulose 74, Selbstmord 10, Verungl. 11.

Die mittlere Durchschnittszahl aller Berufe für die Sterblichkeit wegen Lungentuberkulose beträgt 30,5. Wird die Sterblichkeit einer Altersgruppe gleich 100 gesetzt, so beträgt sie für die vorbezeichneten Berufsarten

	(20—29)	(30—39)	(40—49)	(50—59)	
Schlosser	194	252	261	354	
Eisengiesserei, Maschinen- und Mühlenbau	144	115	130	138	S. 29.

[3]) a. a. O., S. 19.

Arbeitsverhältnis. Die projektierte Alters- und Sterbekasse sollte nach Art. 1 an die Mitglieder, welche das 60. Altersjahr vollendet hatten oder bei deren früher erfolgtem Tode an die genussberechtigten Hinterlassenen folgende Beiträge auszahlen: Nach dem ersten Jahre der Mitgliedschaft Fr. 30.—, nach dem zweiten Fr. 45.—, für jedes weitere Jahr Fr. 15.— bis zum Maximum von Fr. 600.—[1]). Nach Art. 11 war das Obligatorium der Kasse für alle Verbandsmitglieder, welche das 60. Altersjahr noch nicht erreicht hatten, vorgesehen; die Mitglieder sollten einen monatlichen Beitrag von Fr. 1.— bezahlen. „Mitglieder, welche vom Arbeiter zum Meister avancieren, oder den Beruf wechseln, können weiter der Kasse angehören, wenn sie die volle Verbandsauflage entrichten, sie verlieren aber das Mitbestimmungsrecht in den Sektionen.“ Art. 14.

Der Kongress in Winterthur (1900) sprach sich aber nicht zu Gunsten der Alters- und Sterbekasse aus. Die Arbeiter der Grossindustrie und die Italiener etc. zeigten Scheu vor den erhöhten Beiträgen[2]). — Es tauchten Anregungen auf, eine Krankenkasse, eine Streik-, Widerstands- und Massregelungskasse zu schaffen und das Studium dieser Projekte wurde dem Zentralvorstand überwiesen.

β) Die Kranken- und Sterbekasse.

„Eine der nächsten Aufgaben wird wohl die Regelung des Krankenkassenwesens sein müssen. 8 Sektionen besitzen bereits reine Gewerkschaftskrankenkassen, in denen nur Verbandsmitglieder

[1]) Wird ein Mitglied gänzlich invalid, ohne dass es durch die Unfall- oder Haftpflichtversicherung entschädigt wurde, so hat es Anspruch auf den vollen, nach Ausweis durch das Mitgliedsbuch ihm zukommenden Betrag. — Ist die Verminderung der Arbeitsleistung infolge Unfall eine bedeutende und wird von der Unfall- oder Haftpflichtversicherung mit weniger als 3000 Fr. entschädigt, so kann bis zur Hälfte des berechtigten Beitrages ausbezahlt werden. Invalide Mitglieder können von den weitern Beitragsleistungen enthoben werden. Art. 5 und 6 des Regl.

[2]) Vgl. beantragte Resolution am Kongress in Winterthur. Protokoll S. 37. In Erwägung, dass die Hilfsarbeiter und Handlanger in den grössern industriellen Etablissements nun auch immer mehr zu der Überzeugung gelangen, dass nur die Organisation ihnen bessere Löhne und auch bessere Behandlung bringen kann, so empfehlen wir dem Kongresse, es sei auf diese Arbeiter Rücksicht zu nehmen betreffs Erhöhung der Auflagen. Denn es können doch diese Arbeiter mit 30—32 Cts. Stundenlohn nicht so viel leisten wie ein Berufsarbeiter mit 40—50 Cts. und es ist unsere moralische Pflicht, diese Arbeiter zur Organisation zu erziehen und auch sie in finanzieller Richtung zu berücksichtigen.

aufgenommen werden können, aber ohne Freizügigkeit unter sich. So ist es auch mit allen Geschäftskrankenkassen und mit vielen andern. Hat in solchen Kassen ein Mitglied vielleicht Jahrzehnte lang seine Beiträge bezahlt, wird dann arbeitslos und muss das Geschäft und den Ort verlassen, so verliert es alle Rechte und hat in einem gewissen Alter, meistens 40 oder doch bei 45 Jahren, keine Möglichkeit mehr, in einer andern Kasse als Mitglied einzutreten. Hier kann eine Verbandskrankenkasse abhelfen. Wie diese aussehen soll, obligatorisch oder freiwillig, mit was für Beiträgen und Leistungen ist noch Sache näherer Prüfung. Sicher wird eine solche Einrichtung zur Kräftigung der Organisation viel beitragen" [1]).

Nach Erhöhung der Beiträge waren die Aussichten eine Krankenkasse einzuführen, günstiger geworden. Über die Dringlichkeit war man immerhin noch sehr geteilter Meinung, da der größte Teil der Mitglieder in Fabrikkrankenkassen etc. schon versichert [2]) war. Andererseits sind ja die Metallarbeiter berufshalber vielen Krankheiten ausgesetzt [3]).

Am Kongress in Luzern 1904 wurde die Einführung der Kranken- und Sterbekasse trotz beträchtlicher Opposition beschlossen [4]).

---

[1]) Bericht des Zentralvorstandes pro 1901, S 29.

[2]) „Wenn auch jetzt die Mehrzahl der Mitglieder die Verbandskrankenkassen nichts als absolutes Bedürfnis empfindet, weil sie schon versichert sind, so gibt es zweifellos noch viele, die hierzu nicht Gelegenheit haben, oder höchstens einer Kasse angehören können, von welcher sie bei Krankheit mit ein oder zwei, höchstens Fr. 3 täglich unterstützt werden. S. M. Ztg., 28. III. 1903."

[3]) Nach Berechnungen Dr. Schulers (vergl. S. M. Ztg., 18. Juli 1903) betrug die Zahl der Former, Gussputzer etc. im Jahre 1889 9% der Gesamtmetallarbeiterschaft und lieferte 4,6% der Erkrankungen. Die Giesser machten 7% der Arbeiterschaft aus und lieferten 11,1% der Erkrankungen. Schlosser, Dreher, Schmiede=49% der Arbeiterschaft und 49,9% der Erkrankungen; Schleifer und Poliere 2% und 1,7%, Handlanger und Heizer 29% und 27%. Von solchen Berechnungen ging man aus für die Aufstellung der versicherungstechn. Grundlagen.

[4]) Massgebend für die Schaffung des geplanten Instituts waren folgende Gesichtspunkte:

1. Die Erwartung, dass eine solche Einrichtung die Mitgliedschaft im Verbande wertvoller machen werde. Jeder Arbeiter hat nötig, sich gegen die Folgen der Krankheit zu versichern, aber er muss das in einer Kasse tun, welcher auch Leute angehören, mit deren Gesinnung er nicht harmoniere. (Protokoll des Kongresses 1904, S. 44). „Wir werden in kurzer Zeit Leute

Nach Art. 11 des Reglementes hat die Kranken- und Sterbekasse den Zweck, den erkrankten und daher verdienstlosen Mitgliedern eine nach den Bestimmungen festgesetzte Unterstützung zu verabfolgen, sowie den Hinterlassenen verstorbener Mitglieder einen Beitrag an die Beerdigungskosten zu entrichten.

Wer der Kasse beitritt, muss auch dem Verbande beitreten.

Der Eintritt in die Kasse ist freiwillig, jedoch steht es den einzelnen Sektionen frei, für ihre Mitglieder das Obligatorium zu beschliessen[1]).

Mitglieder, welche dem Verbande vor dem Inkrafttreten des Reglementes angehören, können bis zum 1. April 1905 ohne Rücksicht auf das Alter und ohne erhöhtes Eintrittsgeld bezahlen zu müssen, der Kasse beitreten. Wer jedoch nach Inkrafttreten des Reglementes dem Verbande beitritt, hat ein erhöhtes Eintrittsgeld zu bezahlen, sofern das 50. Altersjahr[2]) überschritten ist; ist das 60. Altersjahr überschritten, so kann ein Eintritt in die Krankenkasse nicht mehr erfolgen.

Ein ärztliches Gesundheitszeugnis ist für die Aufnahme in die Kasse nicht erforderlich.

Die Kasse wird gespeist:

a. aus den wöchentlichen Beiträgen der Mitglieder[3]),

b. aus der Aufnahmsgebühr von 50 Rp.,

c. aus den Eintrittsgeldern derjenigen Mitglieder, welche beim Eintritt das 50. Altersjahr überschritten haben,

---

haben, die nicht Gelegenheit haben, einer Krankenkasse anzugehören, oder die sich mit Angehörigen ihrer Gesinnung versichern wollen."

2. Werde durch Einführung dieser Institution nicht der Kampfescharakter des Verbandes leiden, sondern der Verband werde vielmehr dazu gestärkt.

Die Gegner der Krankenkasse bestritten besonders deren Notwendigkeit.

[1]) Auch das beschränkte Obligatorium stiess auf Widerstand, da sehr viele Mitglieder schon in andern Kassen versichert waren und die doppelten Beiträge fürchteten, da sie aus den alten Kassen nicht austreten wollten.

[2]) Das Eintrittsgeld für Mitglieder, welche beim Eintritt das 50. Altersjahr überschritten haben, beträgt Fr. 2 bis Fr. 20 und ist folgendermassen abgestuft:

Wer im 51. Altersjahr beitritt, bezahlt Fr. 2.
„ „ 52. „ „ „ „ 4
„ „ 53. „ „ „ „ 6
„ „ 54. „ „ „ „ 8

usw. bis zum 60. Alterjahr mit Fr. 20. Art. 10.

[3]) Der wöchentliche Beitrag ist auf 30 Cts. festgesetzt. Bei Krankheit und nicht unterstützter Arbeitslosigkeit von mehr als 6 Tagen und bei Militärdienst von über 30 Tagen können die Beiträge erlassen werden.

d. aus den Zinsen angelegter Gelder,

e. aus den Zuschüssen der Verbandskasse, während der ersten zwei Jahre, sofern solche notwendig werden.

Jedes Mitglied ist unterstützungsberechtigt im Falle von Krankheit, wenn es der Kasse wenigstens 3 Monate angehört und 13 Wochenbeiträge bezahlt hat, und weder mit den Verbands- noch Krankenkassenbeiträgen über 8 Wochen im Rückstande ist. — Unter Krankheit ist nur vollständige Arbeitsunfähigkeit zu verstehen (Art. 12, Abs. 1), und die Arbeitsunfähigkeit muss wenigstens 2 Tage dauern bis Unterstützung gezahlt wird. — Die Unterstützung beträgt Fr. 2.— pro Tag während der Dauer von 13 Wochen, für weitere 13 Wochen wird Fr. 1.— pro Tag bezahlt. Wer innerhalb 12 Monaten das Maximum an Unterstützung bezogen hat (90 Tage à Fr. 2.— und 90 Tage à Fr. 1.—) ist für ein Jahr, vom Bezuge der letzten Unterstützung an gerechnet, von weiterer Unterstützung ausgeschlossen.

Bei Arbeitsunfähigkeit infolge von Unfall, welche auf Grund des eidg. Haftpflichtgesetzes, freiwilliger Versicherung durch den Prinzipal, der eidg. Militärversicherung, der eidg. Eisenbahnhaftpflicht oder der Feuerwehr entschädigt wird, zahlt die Kasse keine Unterstützung, sofern die Unfallentschädigung die Höhe des durchschnittlichen Tagesverdienstes erreicht (Art. 19). Jedem weiblichen Mitglied wird im Falle der Niederkunft der Betrag von Fr. 20.— ausbezahlt (Art. 20).

Die Leistungen der Kasse sind freiwillige und es können keine Ansprüche auf gerichtlichem Wege gegen sie geltend gemacht werden[1]).

Bemerkenswert ist, dass zur Behandlung von Kranken auch solche Personen zugelassen werden und deren Atteste als genügender Ausweis angesehen werden können, die ohne das Arztdiplom zu

[1]) Art. 23. Dieser Artikel wurde als mit dem Obligationsrecht in Widerspruch stehend angefochten. Von Fürsprech Brüstlein wurde folgendes Gutachten ausgestellt: „Es handelt sich namentlich um die in Art. 25 statuierte Ausschliessung des Rechtsweges für Ansprüche auf Unterstützungen. Ich gelange nach allseitiger Prüfung zu dem Schlusse, dass es nicht rechtswidrig ist, innerhalb eines Vereins — und die Kasse ist ein solcher Verein — vertragsmässig den Rechtsweg für die Leistungen der Vereinskasse an die Vereinsmitglieder wegzubedingen und diesen Leistungen den Charakter der Rechtspflicht zu nehmen. Auch der Entwurf der eidg. Kranken- und Unfallversicherung hatte ja den Rechtsweg ausgeschlossen.“ Vergl. Protokoll des S. M. A. Kongresses 1904, S. 68. Vergl. Art. 3 des Reglementes, Zusatz 1.

besitzen, sich über die Befähigung zur Ausübung der naturärztlichen Praxis ausweisen.

Mitglieder, welche auf der Reise erkranken und in keiner Sektion angemeldet sind, haben sich beim Zentralvorstand anzumelden und erhalten die Unterstützung direkt durch denselben. Diesen Leuten soll die Möglichkeit zur Reise in ihren Heimatsort oder zur Anstaltsverpflegung gegeben werden.

Alle Beschlüsse über das ganze Institut unterliegen der Urabstimmung. Bei dieser haben alle Mitglieder, auch diejenigen, welche der Kranken- und Sterbekasse nicht angehören, Stimmrecht[1]).

Im Entwurfe war für Mitglieder, welche keiner anderen Krankenkasse angehörten, die Möglichkeit vorgesehen, sich auf ein doppeltes Krankengeld versichern zu lassen[2]).

Nach Art. 41 wird den bezugsberechtigten Hinterlassenen (Ehegatten, auch solchen, welche nicht in gesetzlicher Ehe lebten[3]), Eltern, Grosseltern, Kindern, Geschwistern) ein Sterbegeld ausbezahlt, welches beträgt:

im	1.	Jahre der	Mitgliedschaft	=	Fr.	10.—,
„	2.	„ „	„	=	„	20.—,
„	3.	„ „	„	=	„	30.—,
„	4.	„ „	„	=	„	40.—,
„	5.	„ „	„	=	„	50.—.

Höhere Beträge werden nicht bezahlt.

Die Kranken- und Sterbekasse wurde durch Urabstimmung im Oktober 1904 angenommen und trat auf 1. Januar 1905 in Kraft. Die ersten Auszahlungen erfolgten auf 1. April 1905. Der Mit-

[1]) Am Kongress in Luzern wurde beantragt, dass wenn die Kasse freiwillig sei, nur diejenigen, welche ihr angehören, stimmen dürfen sollten, da sonst die Kasse terrorisiert werden könnte. So wurde dann auch beschlossen (Protokoll des S. M. A. K. 1904, Seite 78); im Reglement wurde die Sache wieder fallen gelassen. Ob man sich fürchtete, eine besondere Klasse zu errichten?

[2]) „Wir werden einig sein, dass wir damit abfahren. Wir bekämpfen die Klassenorganisation; da wollen wir doch keine Klassen einführen.“ Protokoll, S. 79.

[3]) Der Entwurf enthielt: „Ehegatten, mit welchen der Verstorbene in ungetrennter Ehe lebte.“ Auf Antrag der Sekt. Zürich wurde der Passus im angegebenen Sinne abgeändert. Sekretär Schneeberger bemerkte dazu: „Wir anerkennen die Tendenz. Wenn ein Mitglied mit einem Frauenzimmer gelebt hat und dasselbe ihn pflegte, so wird es keiner Ortsverwaltung einfallen, die Auszahlung zu verweigern. Auch solche, die nicht in gesetzlicher Ehe lebten, sind unter Umständen als Ehegatten zu betrachten.“ Protokoll des Kongresses 1904, S. 81.

gliederbestand der Kasse beträgt auf Ende 1905 zirka 4000, ungefähr ein Drittel der ganzen Mitgliedschaft. Vom 1. April bis Ende 1905 zahlte die Kasse in 559 Fällen (Tage à 2 Fr. = 9823, Tage à 1 Fr. = 1218) die Summe von Fr. 21,025.55. — Sterbefälle waren 7, Wöchnerinnen 2 zu unterstützen.

e. Das Bildungswesen.

Zur geistigen Ausbildung der Mitglieder dienen Presse und Bibliotheken.

Am Kongress in Luzern wird beantragt, es sei mit dem deutschen und österreichischen Metallarbeiterverband ein Übereinkommen zu treffen behufs Herausgabe einer fachtechnischen Beilage zum Verbandsorgan[1]). Der Kongress sprach sich aber nicht in diesem Sinne aus.

Einige grössere Fachvereine, z. B. die Spengler und Schlosser in Bern halten im Winter Zeichenunterricht für ihre Mitglieder. Einige Sektionen des Verbandes besitzen Bibliotheken, aber es scheint unter der Metallarbeiterschaft kein allzu reges Interesse für dieselben zu bestehen. Der Zentralvorstand hat schon öfters den Verbandsmitgliedern nahe gelegt, mehr für die Einrichtung von Bibliotheken zu tun[2]). Im Jahre 1903 besassen 18 Sektionen

---

[1]) Protokoll des Kongresses 1904, S. 29/30. Vergl. dazu die Bemerkung eines Delegierten des deutschen Metallarbeiterverbandes, der betonte, dass das Blatt in erster Linie Propaganda treiben müsse. „Technischer Nutzen wäre schon da, aber für den eigentlichen Kampf, für die gewerkschaftl. Aufgabe wird die technische Ausbildung nicht von grosser Bedeutung sein, viel wichtiger ist die Durchbildung in Gewerkschaftsfragen."

[2]) „Nur mit geschulten Arbeitern, welche die wirtschaftlichen und sozialen Zusammenhänge verstehen, lässt sich der gewerkschaftliche Kampf mit Erfolg führen." (Jahresbericht pro 1901, S. 27). „Von den Sektionen haben nur 17 eine Bibliothek. In öffentlichen Bibliotheken haben die Leute nicht immer die Bücher, welche sie zum Klassenbewusstsein erziehen. Wenn man aber sieht, wie oft in ganz kurzer Zeit hunderte von Franken aufgebraucht werden zur Anschaffung einer Fahne zum Beispiel, so sollte man glauben, dass zur Anschaffung lehrreicher Bücher, was ungemein nützlich wäre, etwas mehr getan werden könnte als bisher."

„Die Bibliothek hat von der rapiden Entwicklung des Verbandes nichts profitiert. Wenn man berücksichtigt, dass zum mindesten ein Fünftel aller Bände mehr oder weniger wertloser Plunder ist, so ergibt sich als nächste Aufgabe die Beschaffung genügenden und zweckmässigen Lesestoffs, wenn anders die Bildung und Schulung unserer Mitglieder gleichen Schritt halten soll mit der Ausdehnung des Verbandes. Da die einzelnen Sektionen sich bisher dieser hochwichtigen Aufgabe nicht gewachsen zeigten, wird der Verband an die Erfüllung derselben herantreten müssen." Jahresbericht 1904

Bibliotheken mit einer Gesamtzahl von 1424 Bänden. Ausgeliehen wurden 717 Bände. Im Jahre 1904 ist die Bändezahl auf 1586 gestiegen; ausgeliehen wurden 1110 und 1905 1274 Bücher. „In dem Kampfe auf wirtschaftlichem und politischem Gebiete sind die Kräfte so ungleich verteilt, dass das Proletariat nur siegen kann, wenn die Summe von Intelligenz über die es verfügt, grösser ist, als die seiner Gegner[1]).

f. Tätigkeit auf verwandten Gebieten.

Im Jahre 1901 besorgten 10 Sektionen die Arbeitsvermittlung zum Teil mit gutem Erfolg. Diese Sektionen rekrutieren sich alle aus dem Kleinhandwerk; es sind Schlosser, Spengler, Schmiede und Wagner[2]). In grösseren Städten, z. B. in Zürich, ist der Arbeitsnachweis erst an die Arbeitskammer, später an das Städt. Arbeitsamt überwiesen worden; desgleichen in andern Städten an Arbeiterunionen etc. Selbständig ausgeführt wird er meist nur noch von den schon zitierten Fachvereinen des Handwerks. In der Grossindustrie besorgt auch der Verein Schweiz. Maschinenindustrieller Arbeitsnachweis[3]). Auf dem Gebiete des Lehrlingswesens konnte bis jetzt der Verband keine grosse Rolle spielen.

---

und 05, S, 31. In diesem Sinne stellte die Agitationskommission des I. Kreises auf dem Verbandskongress den Antrag, eine Zentralbibliothek zu schaffen. Zu diesem Zweck soll dem Zentralvorstand ein Kredit bis zu Fr. 10,000 gegeben werden. Der Kongress genehmigte den Antrag.

[1]) S. M. Ztg., 7. April 1906. „Das Bildungswesen im Verband."

[2]) Jahresbericht pro 1901, S. 28. „In der Grossindustrie ist das eben viel schwieriger, zum Teil unmöglich; bedeutend mehr könnte aber immerhin geschehen; auch im Kleinhandwerk. Wenn es nur gelänge, gemassregelte oder sonst arbeitslose Genossen schneller unterzubringen, statt dass sie unterstützt werden müssen, so wäre dadurch schon viel erreicht. Fast alle Sektionen, welche sich mit Arbeitsvermittlung befassen, sind an Orten mit kommunalen Arbeitsnachweisen, wie viel mehr und leichter liesse es sich an andern Orten machen. Arbeitsvermittlungen haben 290 stattgefunden."

[3]) Am 23. April 1898 wurde ein Statut über das Arbeitsnachweisbureau des Vereins schweizerischer Maschinenindustrieller genehmigt. Dieses Bureau richtete der Verband einerseits für seine sämtlichen Mitglieder, andererseits für Arbeiter aller derjenigen Berufsarten ein, welche in deren Werkstätten Verwendung finden. Der Arbeitsnachweis ist unentgeltlich. „Die Einrichtung des Arbeitsnachweises hat sich mit den von den Arbeiterverbänden oft mit staatlicher oder kommunaler Unterstützung eingerichteten Bureaux zu teilen. Es ist der grösste Nachdruck darauf zu legen, dass eine Mitarbeiterschaft der Arbeitgeber auf dem Gebiete des Arbeitsnachweises als ein dringendes Bedürfnis und im Interesse des Gedeihens unseres Industriezweiges unerlässlich erscheint."

Jahresbericht des V.S.M.I. pro 1898, S. 15.

Zum ersten Male hat der Verband eine Statistik der Wohnungs- und wichtigsten Lebensmittelpreise aufgenommen [1]). Sodann hat er in verschiedenen Orten Erhebungen zu Lohnstatistiken vorgenommen, deren Ergebnisse er dann wieder zu Eingaben an die Unternehmer benutzte. Eine allgemeine Lohnstatistik pro 1004/05 für alle Sektionen gelang nur unvollständig [2]).

Tabelle V.

Reiseunterstützung.

Jahr	Reisende				Mitglieder				Total der Reisenden	Ausbezahlte Beträge	
	I. Quart.	II. Quart.	III. Quart.	IV. Quart.	Schweiz. M.A.V.	Deutsch. M.A.V.	Oesterr. M.A.V.	Andere Verb.		Fr.	
1899	184	321	397	333	587	529	71	48	1235	754. 50	
1900	204	485	930	588	1040	974	108	85	2207	1415. 70	
1901	564	817	1038	487	1469	1298	105	34	2906	1848. 70	
1902	507	751	905	427	1224	1175	157	134	2590	1656. 50	Im III. Quartal traten die neuen Statuten in Kraft.
1903	403	946	469	566	554	696	38	11	1349	869. 20	
					577	426	27	7	1035	1868. 70	
1903	403	946	469	566	1131	1120	115	18	2384	2737. 90	
1904	510	650	956	478	1362	1079	132	21	2594	4589. 95	
1905	602	912	1372	612	1655	1664	123	47	3499	6471. 65	

[1]) „Dieselbe ist zwar nicht vollkommen, da und dort haben die Genossen zu wenig Sorgfalt darauf verwendet, und sich zu wenig Mühe gegeben, die richtigen Höchst-Durchschnitts oder Niederpreise zu berechnen. Nach den Preisen für Wohnung, Lebensmittel, nach den Steuern und anderm muss der Arbeiter auch seine Lohnansprüche stellen und es dürfte daher manchem, der seine Stelle ändern will oder muss, willkommen sein, wenn er sich an Hand der beigegebenen Tabellen orientieren kann.“ Jahresbericht pro 1904 u. 05, S. 34.

[2]) Viele Sektionen haben die betreffenden Fragen nicht beantwortet.

Tabelle VI.

Ortsunterstützung.

Jahr	Zahl der Unterstützten	Zahl der Unterstütz.-Tage	Ausbezahlter Betrag	Durchschnitt.-dauer des Bezuges in Tagen	Durchschnitt.-Betrag in Fr.
1904	88 [1])	1554	2092. 29	17,7	23. 78
1905	57 [1])	829	1226. 40	14,5	21. 51

Tabelle VII.

Einnahmen und Ausgaben des Zentralvorstandes.

pro	Einnahmen	Ausgaben
	Fr.	Fr.
1893	4,440. 19	4,054. 97
1896	9,869. 23	9,796. 82
1897	15,057. 30	14,456. 42
1898	11,070. 25	10,538. 95
1900	19,103. 92	15,949. 94
1901	27,400. 62	26,310. 24
1902	32,594. 25	25,121. 66
1903	65,033. 81	23,468 16
1904	119,151. 20	64,192. 58
1905	216,903. 74	181,908 25

[1]) Nach Berufen:

	1904	1905
Spengler	23	27
Schlosser	19	16
Dreher	7	6
Giesser	8	2
Mechaniker	7	3
Schmiede	3	1
Monteure	3	—
Feilenhauer	2	—
Maschinenarbeiter	2	2
Hilfsarbeiter	3	3
Modellschreiner	2	—
Installateure	2	—
Metalldrucker	1	—
Vernickler	1	—
Gürtler	1	—
Uhrmacher	1	—
Ohne Angabe des Berufes	3	Schleifer 1

Tabelle VII a.

Gesamteinnahmen der Sektionen.

Jahr	Saldo am 31. Dezemb.		Für Beitrags-Marken		Eintrittsgelder		Statuten		Freiwillige Beiträge		Sonstige Einnahmen		Total der Einnahmen	
	Fr.	Cts.	Fr.	Cts.	Fr.	Cts.	Fr.	Cts.	Fr.	Cts.	Fr.	Cts.	Fr.	Cts.
1898	5,668	13	15,772	25	897	10	487	05	1,934	85	8,727	96	33,487	34
1899	10,989	72	18,435	—	1,868	40	799	05	4,402	34	7,138	02	43,632	53
1900	14.330	27	28,401	73	1,104	20	523	55	8,407	48	12,883	03	65,650	86
1901	390	—	26,145	55	624	50	332	25	3,943	72	12,335	62	58,599	45
1902	12,051	—	41,420	24	894	20	462	65	3,707	16	10,300	66	68,800	30
1903	22,661	56	68,265	45[1]	1,335	60	?	?	2,541	95	6,793	73	105,068	23
1904	24.622	69	78,234	65[1]	1,771	15	?	?	4,005	89	15,474	10	128,901	72
1905	30,733	40	146,433	67	4.804	14	?	?	13,923	95	20,139	54	219,799	65

[1]) Wochenbeiträge.

Gesamtausgaben[1]) aller Sektionen

innert

Jahr	Für Agitat.		Für Delegat.		Für Streik		Für Massregelungen		Für Unterstützung in Notfällen		Für Zeitungen u. Bibliothek		Sonstige Ausgaben		Total der Ausgaben	
	Fr.	Cts.	Fr.	Cts.	Fr.	Cts.	Fr.	Cts.	Fr.	Cts.	Fr.	Cts.	Fr.	Cts.	Fr.	Cts.
1898	1,247	87	1,241	35	2,476	42	—	—	1,760	55	934	87	20,194	59	27,882	65
1899	1,214	69	450	45	6,033	95	796	—	1,133	50	1,011	56	20,338	44	30,978	59
1900	1,569	10	1,991	55	10,981	74	511	75	1,799	75	1,641	82	31,370	10	49,865	81[2])
1901	1,844	13	1,065	—	7,190	60	269	25	1,798	—	3,395	68	32,703	32	44,870	30
1902	1,375	36	2,408	15	4,836	65	570	25	2,451	54	—	—	40,110	31	51,751	76
1903	1,561	64	392	89	977	59[3])	358	40	1,327	42	472	92	11,708	01	80,445	64
1904	1,348	10	2,213	20	4,848	70[3])	450	—	2,326	71	458	01	13,502	04	94,975	—
1905	2,775	88	1,421	95	14,098	12	472	—	2,091	05	729	30	24,544	11	187,845	99[4])

[1]) Wir führen nur einige der wichtigsten Posten an.

[2]) Vergl. Berichte des Z. V. pro 1898, 1899, 1900 ff.

[3]) Der Zentralvorstand besorgte die Unterstützungen in Streikfällen, vgl. § 3 S., 74.

[4]) Worunter Fr. 61,143.10 für Beiträge an den Zentralvorstand; 1905 sogar Fr. 124,092.35.

Zeitfracht Medien GmbH
Ferdinand-Jühlke-Straße 7
99095 Erfurt, Deutschland
produktsicherheit@kolibri360.de